초등과학교육의
이론과 실제

초등과학교육의
이론과 실제

박병태 지음

한국학술정보(주)

머리말

　초등 과학 교육에 관심을 갖고 지난 20여 년 동안 현장에서 초등 과학 교육의 발전을 위해 과학 프로그램 개발, 교육과정 심의, 평가 문항 개발 등 다양한 영역에 참여해서 고민하고 나름대로 대안을 제시해 보았습니다. 다른 교과도 마찬가지겠지만 그동안 초등 과학 교과도 많은 변화를 거쳐 왔습니다.

　최근에는 과학이라는 큰 타이틀 속에 다양한 분야가 늘어나고 있는 추세입니다. 먼저 대상에 있어서는 일반 학생들을 상대하는 과학에서 영재, 부진아, 특수아, 다문화 가정의 아이들 등 다양해졌고 과학 영역에 있어서도 기존 영역에서 환경, 에너지, 첨단 과학, 과학사 등으로 확대되었습니다. 공부 시간도 과학 수업 시간 이외에 재량활동 시간, 방과 후 시간 등에서도 과학 관련 학습이 이루어지고 있습니다.

　그러나 이러한 변화를 직접 체험하고 이끌어 나갈 교사들은 업무 과다, 전문 지식 부족 등 과거에 비해 상당한 어려움에 봉착해 있습니다. 특히 초등에 있어서는 과학 교과목 이외에 많은 교과목을 가르치는 입장에서 이러한 변화를 다 수용하기에는 이미 한계에 다다른 실정입니다. 이러한 현장의 모습을 잘 알고 있기에 초등 과학에 관심이 있으면서도 쉽게 다가서지 못하고 있는 분들께 조금이라도 도움을 주고자 하는 마음에 용기를 내어 이 책을 발간하게 되었습니다.

책의 구성은 교육과정이해, 과학수업모형에 따른 지도 실제, 과학 문제 해결 과정, 과학 수업, 과학 평가 등에 대한 이론과 실제를 제시하였습니다. 뿐만 아니라 초등 과학 영재 교육, 부진아 교육, 환경 교육 등에 대해서도 기술하였습니다.

부디 이 책이 초등 과학 교육을 운영하는 선생님들과 예비 교사들에게 초등 과학 교육의 전반적인 면에 대한 이해를 높이고 실제적인 능력을 함양하는 데 도움이 되기를 기대해 봅니다.

아울러 어려운 여건에서도 출판을 맡아 주신 한국학술정보(주)의 사장님과 책 출간에 심혈을 기울여 주신 문진현, 황혜정 님께 감사드립니다. 또한, 이 작은 결실을 맺기까지 늘 곁에서 도와주고 기도해 준 가족에게 감사드립니다.

2010년 5월 한강을 바라보며
박병태 씀

Contents

제1장 | 과학과에서의 문제 해결 과정 고찰 • 13

    Ⅰ. 서 론 _15
    Ⅱ. 본 론 _17
        1. 문제와 문제 해결 _17
        2. 문제 해결 학습 _20
        3. 문제 해결 과정 _22
        4. 문제 해결 변인 _24
        5. 문제해결 영역 평가틀 및 검사 도구 제작 _27
        6. 문제 해결 선행 연구 _31
    Ⅲ. 결 론 _35

제2장 | 초등 과학 교육에 있어서의 과학문제 (지식, 탐구, 태도)
해결 과정에서의 성별 특성 • 37

    Ⅰ. 서 론 _39
    Ⅱ. 본 론 _40
        1. 생물학적인 성별 특성 _40
        2. 과학 지식에서의 성별 특성 _41
        3. 과학 탐구 능력에 있어서의 성별 특성 _45
        4. 과학 태도에 있어서의 성 차이 _50
        5. 과학 우수아의 성별 특성 _56
    Ⅲ. 결 론 _60

제3장 | 초등 과학 수업에 대하여 • 61

    Ⅰ. 서 론 _63
    Ⅱ. 본 론 _65
        1. 교수-학습 과정안의 의미와 필요성 _65
        2. 교수-학습 과정안에 따른 과학수업의 과정 _66
        3. 과학 교수 학습 방법과 전략 _69
    Ⅲ. 결 론 _74

제4장 | 초등 과학에서의 탐구 학습에 대하여 • 75

    Ⅰ. 서 론 _77
    Ⅱ. 본 론 _77
        1. 탐구 학습의 개념 _77
        2. 탐구 방법과 탐구 능력의 신장 _79
        3. 탐구 학습 수업 모형 _81
    Ⅲ. 결 론 _86

제5장 | 초등 과학 평가의 이해와 실제 • 87

    Ⅰ. 서 론 _89
    Ⅱ. 본 론 _90
        1. 수행평가 _90
        2. 교육과정에서의 평가의 방향 _94
        3. 초등 과학 평가 내용 _96
    Ⅲ. 결 론 _101

제6장 | 초등 과학 수업 개선 방안 사례 • 103

    1. 수업에서의 문제점 _105
    2. 수업 A에 대한 관찰 _106
    3. 수업 A에 대한 논의 및 수업 B에 대한 방향 _108
    4. 수업 B에 대한 동기 및 생각 _110
    5. 수업안 B _111
    6. 수업안 B에서의 유의점 _113
    7. 개발하게 된 동기 _114

제7장 | 초등 과학 발견 학습 모형의 교수 학습 적용 사례 • 115

    1. 브루너의 구조 _117
    2. 발견학습 이론 _119
    3. 나선형 교육과정 _121
    4. 초등학교 과학 발견학습 모형 _122
    5. 발견 학습 모형을 적용한 교수−학습 지도안 _123

제8장 | 초등 과학논술 지도 및 지도 사례 • 127

    Ⅰ. 서 론 _129
    Ⅱ. 본 론 _130
        1. 초등 과학논술이란? _130
        2. 각 학년별 초등 과학논술 지도 방안 _131
        3. 초등 과학논술 평가 _134
        4. 과학논술 예시자료 _135
    Ⅲ. 결 론 _137

제 9 장 | 초등 지구과학 심화 화석 논쟁 • 139

  Ⅰ. 공룡편 _141

    1. 들어가며 _141

    2. 코프와 마시 _143

    3. 글을 마치며 _147

  Ⅱ. 인류편 _148

    1. 들어가며 _148

    2. 인류에 대한 논의 _149

    3. 글을 마치며 _152

제 10 장 | 과학영재 학습 프로그램 개발의 실제 • 153

  Ⅰ. 서 론 _155

  Ⅱ. 본 론 _155

    1. 제7차 과학과 교육과정의 내용 체계(지구과학영역) _155

    2. 초등 과학영재 학습프로그램 개발의 실제 _156

  Ⅲ. 결 론 _166

제 11 장 | 초등 과학 부진아에 대한 논의 • 167

  Ⅰ. 서 론 _169

  Ⅱ. 본 론 _171

    1. 학습 부진아 _171

    2. 과학 학습 부진에 미치는 요인 _173

  Ⅲ. 결 론 _177

제 12 장 | 과학과 수준별 교육과정 운영 • 179

   Ⅰ. 서 론 _181
   Ⅱ. 본 론 _182
      1. 수준별 교육과정 _183
      별 교육과정 기준 _183
      3. 과학과 교과 목표 _187
      4. 과학교과와 과학학습 _187
      5. 수준별 교수−학습 지도안 _189
      6. 현 교육과정 적용에 대한 평가 _195
   Ⅲ. 결 론 _198

제 13 장 | 개정 초등 과학과 교육과정 • 199

   Ⅰ. 과학과 교육과정 개정의 배경 및 방향 _201
      1. 개정 배경 _201
      2. 개정 방향과 중점 _202
      3. 과학과 교육과정 개정 내용 _203
   Ⅱ. 2007 개정 과학과 교육과정 _204
      1. 과학과의 성격 _204
      2. 과학과의 목표 _205
      3. 과학과 내용 체계 _206
      4. 과학과 교수 · 학습 방법 _206
   Ⅲ. 과학과 교과용 도서의 개발 방향 및 특징 _211
      1. 과학과 교과용 도서의 개발 방향 _211
      2. 개정된 과학 교과서의 특징 및 구성 방침 _212
      3. 과학과 교과용 도서의 특징 _213
      4. 자유탐구 _216

제14 장 | 초등 과학 환경 교육의 실제 • 219

　　Ⅰ. 서 론 _221
　　Ⅱ. 본 론 _222
　　　　1. 우리나라의 환경 교육 _222
　　　　2. 초등학교에서의 환경 교육 _223
　　　　3. 초등 환경 교육의 목적과 내용 _224
　　　　4. 초등 환경 교육의 방법 _224
　　　　5. 초등 환경 교육의 실제(예시) _227
　　　　6. 실천하는 초등 환경 교육 방안 _228
　　Ⅲ. 결 론 _230

제15 장 | 초등학교 교구 설비에 대한 논의 • 231

　　Ⅰ. 서 론 _233
　　Ⅱ. 본 론 _234
　　　　1. 교육시설 _234
　　　　2. 교구·설비 _238
　　　　3. 초등학교 교구 관련 선행 연구 _246
　　Ⅲ. 결 론 _249

참고문헌 • 251

제1장 |

과학과에서의 문제 해결 과정 고찰

Ⅰ. 서 론
Ⅱ. 본 론
    1. 문제와 문제 해결
    2. 문제 해결 학습
    3. 문제 해결 과정
    4. 문제 해결 변인
    5. 문제해결 영역 평가틀 및 검사 도구 제작
    6. 문제 해결 선행 연구
Ⅲ. 결 론

Ⅰ. 서 론

과학 교육에 있어 문제 해결력의 함양은 중요한 목표로 간주되어
왔으며, 학생들의 문제 해결력 신장은 교육이 담당해야 할 가장 중
요한 과제이다(Lyle & Robinson, 2001; Smith & Good, 1984;
Taconis et al., 2001). 문제 해결이 과학 교육에서 중요한 이유는
문제를 해결하는 과정에서 기초적인 지식이나 기능을 보다 확실하게
이해할 수 있을 뿐만 아니라 지식의 단순 암기와 단순 적용, 알고리
즘의 반복 연습에서 탈피하여 의사 결정, 비판적 사고, 창의적 사고
등과 같은 고등 정신을 신장할 수 있기 때문이다(홍미영, 1995).

과학 교육에서 문제 해결력 신장 및 과학에서 수월성 교육을 실시
하는 등 여러 노력을 해 왔음에도 불구하고, 최근 발표된 2006년도
국제 학력평가에서 한국 학생들의 과학 성적이 세계 11위인 것으로
드러나 충격을 주고 있는 가운데 최상위권(이번 평가 결과 상위 5%
에 해당하는 학생)의 과학 성적은 이보다 더 낮은 17위로 추락한 것
으로 확인됐다(조선일보, 2007). 이는 현재의 과학 교육에 대한 진지

한 검토와 반성을 촉구하고 있다.

문제 해결 과정에 대한 전략의 시초는 Polya(1957)가 수학 분야에서 만든 4단계 전략으로 문제의 이해(understanding a problem), 계획 수립(devising a plan), 계획 수행(carrying out the plan), 반성(looking back)이다. 이것을 토대로 여러 연구자들에 의해 문제 해결 단계가 제시되었으나 그 결과들은 유사하며, 크게 이해 단계, 계획 단계, 풀이 단계, 검토 단계로 구분할 수 있다(전경문, 1999). 문제 해결 과정에 대한 연구도 이 네 단계를 기준으로 이루어지고 있다.

Finegold와 Mass(1985)에 의하면, 문제 해결에 성공하기 위해서는 문제와 관련된 내용에 대한 지식 기반, 문제를 표상할 수 있는 능력, 전략을 선택하고 계획하는 능력, 적절한 기술과 지식을 사용하여 문제 해결을 수행할 수 있는 능력이 요구된다고 하였다. 추리 단계가 복잡한 문제일 경우에는 필수 선행 기능을 갖춘 학생이라고 하더라도 여러 단계를 걸쳐 문제를 해결하는 과정에서의 어려움, 공식의 의미나 적용 범위에 대한 이해 부족으로 실패한 경우가 있었다(박윤배, 1991).

권재술과 이성왕(1988)에 의하면 전문가와 초심자는 문제의 이해, 계획, 계획의 수행, 검증 등의 순서에 따라 문제를 해결하며 전문가는 초심자보다 문제의 이해, 검증 단계에 비교적 높은 비율의 시간을 할애하나 계획 단계에는 비교적 낮은 비율의 시간을 할애한다. 문제 해결 전문가(성공자)는 문제를 정확히 진술하고 충분히 이해하는 정성적인 단계를 거치는 반면, 초보자(실패자)는 계획 없이 성급하게 문제를 해결하려 하며 문제의 모든 조건을 고려하지 못한다. 또한 전문가는 자신이 구한 답이 타당한가를 평가하고 검토하는 과정을 거치지만, 초보자는 검토 단계를 거치지 않는 경향이 있다(Camacho & Good, 1989; 노태희 외, 1996). 이 외에도 과학 교육 분야에서 문제 해결에 대한 연구가 활발히 이루어져 왔다(김은진, 2006; 김찬종 1998; 노태희와 전경문, 1997; 박학규과 권재술, 1991; 박학규와 이용현, 1993; 이혜주, 2006; 전경문, 1999; 홍미영과 박윤배, 1995).

초등 과학 교육에 있어 문제해결 과정에 대한 내용을 살펴보고 시사점을 찾아보는 일 또한 의미 있는 일일 것이다.

Ⅱ. 본 론

1. 문제와 문제 해결

문제(problem)는 연구자에 따라 다양하게 정의하고 있기 때문에 문제의 의미를 정확하게 정의한다는 것은 쉽지 않다. 국어사전을 살펴보면 '해답을 요구하는 물음', '연구에 의하여 해결해야 할 사항' 등으로 정의되어 있으며, 영어 사전의 어원을 살펴보면 'pro(앞으로)'와 'ballein(던지다)'가 합쳐진 단어로서 '명료하지 않다', '모른다', '알고 싶다', '해결하고 있다' 등의 뜻을 내포하고 있다(남승인과 류성림, 2002).

문제에 대한 여러 학자들의 정의를 살펴보면, Hayes(1989)는 문제에 대해 "개인의 현재 상태와 원하는 상태 사이에 차이가 있고, 그 차이를 극복할 방법을 알지 못할 때 '문제'가 존재한다."고 하였다.

Renzulli(1977)는 '문제'를 정의하는 개념 두 가지를 밝혔다. 첫째는 '학생이나 탐구자의 자발적인 관점에서 유발되는 것'이며, 둘째는 '미리 예정된 정답이 없는 것'이라고 하였으며, 학생이 목표 달성을 원하지만 실제로 그 목표를 달성하기 위한 방법을 모르는 상태를 지칭하며, 학생이 얻고자 하는 해답이 있을 때 그 해답을 얻는 데 필요한 일련의 행동들을 알지 못하는 상황이라고 하였다. Mayer(1983)는 학자들에 따라 문제를 약간씩 다르게 정의하고 있지만 대부분의 심리학자들이 주장하는 문제의 특성 중에서 공통된 특성을 세 가지로 요약하고 있다.

(1) 주어진 상황(Givens): 조건, 정보, 대상물 등으로서 문제 해결의 출발점이 된다.
(2) 목표 상황(Goals): 문제가 요구하는 최종적인 상태를 말하며 문제를 해결하기 위하여 주어진 상황을 변형하여 목표 상황을 추출하는 사고를 요한다.
(3) 장애(Obstacles): 목표 상황에 도달하기 위하여 선결해야 할 과제 또는 목표 상황에 도달할 수 있는 과정을 알지 못하는 상태, 문제 해결자는 주어진 상황을 변형시키는 방법은 알고 있지만 정확한 답을 알지 못한다.

PISA(Programme for International Student Assessment)에서는 문제 해결력을 '해결 과정을 바로 알 수 없으면서 수학, 과학, 읽기 중에서 어느 하나의 영역 내에 국한되지 않는 실제적이고 범교과적인 문제 상황에 직면했을 때, 이를 해결하기 위하여 인지적 과정들을 활용할 수 있는 개인의 능력'이라고 정의했다.

과학에 있어서의 문제에 대하여 Berkson(1987)은 과학적 문제란 자연현상 설명이라는 목적을 이루는 데 있어서 느끼는 어려움을 의미한다고 하였다. 과학 교육에 있어 문제의 의미는 주로 학생들의 개념 이해나 능력을 평가하는 문항과 동일시되어 사용되어 왔다(김재우, 2000).

문제 해결의 의미도 연구자마다 다양한데 Polya(1957)는 "문제를 해결하는 것은 어떠한 것을 명확하게 인식하기 위해, 당면한 어려움을 벗어나기 위해, 장애를 극복할 수 있는 미지의 방법을 찾기 위해, 그리고 학습자가 원하는 목적을 성취하기 위한 적절한 방법을 찾는 것으로써 문제가 즉각적으로 해결되는 것이 아닌 점진적으로 어떤 새로운 방법을 찾는 것"이라고 정의하였고 Kahney(1986)는 "어떤 이유에서든 목적을 달성하는 데 장애 요인이 있을 때 문제가 있는 것이고, 그 목적을 달성하기 위해 하는 일이 문제 해결(problem solving)"이라고 하였으며 Woods(1989)에 의하면 "문제 해결은 정해진 조건과 제한 내에서 미지의 것에 대한 최상의 가치를 획득하는 활동"이라고 하였다. Johnstone(1993)은 "문제 해결은 문제 조건과 관련된 사실, 개념, 절차 지식, 그리고 하나 이상의 수리적 조작 등이 요구되는 복잡한 과정이다."라고 하였다. 또한 Hayes(1989)는 문제 해결을 "문제를 정의하고 관련된 요소를 이해하며, 사전 지식과 해결 과정을 탐색하고 최종 목적지에 도달하기 위해 전략과 개념을 조작하는 인지적 과정으로 고차원적인 사고 과정"이라고 하였다.

2. 문제 해결 학습

문제 해결 학습의 이론을 살펴보면, 연합주의 심리학자들은 인지 또는 사고를 습관(기존의 반응 경향성)의 시행착오적 작용으로 보고 있다. 연합주의자들이 중요시하는 세 가지 요소는 '자극'(특정 문제 해결 상황), '반응'(특정 문제 해결 행동), '자극과 반응 간의 결합'이다. '결합'은 문제 해결자의 머릿속에 있는 것으로 가정되며, 이들은 결국 어떤 문제 상황에 결합하여 반응 위계 또는 습관 가족 위계를 형성하게 된다(Mayer, 1983).

형태주의 이론에서 문제 해결 과정이란 문제 상황의 한 국면을 다른 국면에 관련시키기 위한 탐색을 의미한다. 그것은 '구조적 이해 (structural understanding)'로 귀착된다. 구조적 이해란 목표가 요구하는 바를 만족시키기 위하여 문제의 여러 부분이 어떻게 조화되는 가를 이해하는 능력이다. 다시 말해서 새로운 방법으로 문제상황의 요소들을 재조직하는 것이 구조적 이해이다(김언주, 1993).

형태 심리학자들은 새로운 상황에 대한 창조적 해결에 관심을 두는 데 반하여, 연합주의자들은 과거 경험들 중 문제 해결에 도움이 되는 습관을 선택하여 적용하는 것에 관심을 갖는다. 사고 단위로서 형태심리학자들은 '요소 간의 관계'를 중요시하는 데 반하여, 연합주의자들은 '자극-반응 결합'을 중요시한다. 형태주의 심리학자들은 연합주의자들보다 복잡한 사고를 다루기는 하지만, 그들의 이론은 애매하며 과학적으로 검증하는 데 제한점이 따른다(남승인과 류성림, 2002).

정보-처리 이론에서 문제 해결에 대한 기본적인 관점은 인간이 문제를 해결할 때, 그 과정을 정보-처리 이론으로 설명될 수 있다는 것이다. 이 이론은 Newell과 Simon(1972)의 연구에서 시작되었으며 이론적인 면에서 정보 – 처리 이론이 인간의 기본적인 인지 구조, 즉 사고 구조를 설명할 수 있다고 생각했다(Green, 1979).

현대의 인지 이론들은 기억과 정보 – 처리에 대한 몇 가지 가정에 기초하고 있다(전평국과 박성선, 1991). 첫째, 자극과 반응 사이에는 어떤 한정적인 시간을 요하는 일련의 처리 단계가 있다. 둘째, 자극이 여러 단계를 통하여 처리될 때, 자극의 형태와 내용은 일련의 변화 또는 변환을 거치고, 셋째, 한 개 또는 여러 개의 처리 단계에 있어서 처리 체계는 제한된 용량을 갖고 있다는 것이다. 인지 이론가들은 인간의 정보처리 체계가 <그림 1>과 같이 기능상으로 독특한 세 종류의 기억 체계로 이루어져 있다고 보고 있다.

자극 →	감각 등록기 sensory register • 시각 • 청각 • 촉각	→	작동 기억 working memory (단기 기억)	저장 → ← 재생	장기 기억 long – term memory

↓

반응

〈그림 1〉 인간의 정보 – 처리 체계(남승인과 류정림, 2002)

구성주의자들은 학습을 학습자 개인과 그를 둘러싼 외부 환경과의 상호작용의 결과로 인한 인지적 구조의 변화로 보고 있으며, 이 이론에 바탕을 둔 연구들은 정성적인 연구 방법을 사용하여 학습자 개개인의 문제 해결 과정을 추적하는 것을 통하여 어떤 종류의 변인들이 어떻게 상호 작용하는가를 밝히려는 목적을 갖고 있다(홍미영, 1995).

1980년대 이후부터 과학 교육 분야의 연구, 특히 문제 해결 연구에서는 정성적인 방법을 사용하는 것이 필요하다는 주장이 있어 왔다. 발성 사고법과 면담을 병행하면 학생들이 자신의 사고 과정을 거의 표출한 것으로 여겨지며, 발성사고법에 의한 사고 과정의 조사에 별다른 어려움이 없는 것으로 나타났다(홍미영, 1995).

문제 해결 과정을 조사하는 연구에서뿐만 아니라 학습 시간에도 지도가 이루어져야 한다. NCTM(1980)에서도 문제 해결 지도는 일종의 습관 형성을 지도하는 것이므로 초등학교에서 문제 해결에 대한 올바른 관점을 토대로 가급적 넓은 범위에서의 문제 해결이 고려되어야 하며, 문제 해결은 일종의 사고 태도 또는 습관의 취득이기 때문에 문제 해결 지도는 어릴 때부터 시작할 것을 권고하고 있다.

3. 문제 해결 과정

문제 해결에서 개인의 사고 과정에 대한 연구는 교육학자뿐만 아니라 인지심리학자들도 많은 관심을 모아 온 분야이다(Maloney, 1994). 문제 해결은 문제 이해를 비롯하여 관련된 개념, 절차 지식, 추론과 수리적 조작 등이 요구되는 복합적인 과정으로, 단기 기억(short term memory)에서 이루어진다(Hayes, 1989).

학습자가 합리적으로 문제를 해결하기 위해서 학교 교육은 문제 해결에 필요한 능력을 길러주어야 한다(Gagne, 1985). 특히, 과학 교육에서 자연현상과 실생활 문제를 적극적이고 능동적으로 해결하기 위한 학습자의 문제 해결력 신장은 중요한 과제로 받아들여지고 있다(Smith & Good, 1984). 문제 해결은 과학 교육의 중요한 목표로 간주되어 왔으나 학생들의 문제 해결력은 수업 후에도 매우 낮은 경향이 있다(Stwart & Hafner, 1991).

문제 해결을 어떻게 성공적으로 이끌 것인가의 문제에서 가장 중요하게 부각되어 온 것이 전략이다. Mayer(1983)는 전략(strategy)을 '문제 공간에서 해(solution)에 이르는 길(path)을 찾는 기술'로 정의하고, 전략은 문제의 해를 보증해 주지는 않지만 문제의 해에 이르는 길을 안내한다고 하여 전략의 중요성을 강조하고 있다. 문제 해결 전략의 시초는 Polya(1957)가 수학 분야에서 4단계 전략을 만든 것이다. 그것은 문제의 이해(understanding a problem), 계획 수립(devising a plan), 계획 수행(carrying out the plan), 반성(looking back)의 4단계이다. 이것을 토대로 여러 연구자들에 의해 문제 해결 단계가 제시되었으나 그 결과들은 유사하며, 크게 이해 단계, 계획 단계, 실행 단계, 검증 단계로 볼 수 있다(<표 1> 참조).

〈표 1〉 여러 연구에서 얻어진 문제 해결 단계

학자 \ 단계	이해	계획	실행	검토
Polya	1. 문제의 이해	2. 계획수립	3. 계획의 실행	4. 검토·반성
Ashmore, Casey, & Frazer	1. 문제 정의하기	2. 정보 수집하기	3. 추론(reasoning)	4. 점검(checking)하기
Dewey	1. 문제 제시 장면 2. 분석	3. 가정	4. 연역	5. 검증
Metts, Pilot Roossnik & Kramers−Pals	1. 문제 분석하기	2. 해결 과정 계획하기	3. 실행하기	4. 점검하기
Schoenfeld	1. 문제 분석 (analysing)하기	2. 해결 과정 디자인하기 3. 탐구(exploration)하기	4. 실행하기	5. 검증하기

Bunce & Heikkinen	1. 문제 진술 2. 문제 상황 묘사	3. 회상 4. 해결 과정 도식	5. 수리적 계산	6. 검토
Rief, Larkin & Brackett	1. 문제기술 (description)	2. 계획하기	3. 실행하기	4. 검증(verification)
Tingle & Good	1. 문제 진술 2. 정보 재진술 및 그리기	3. 예측	4. 수리적 풀이	5. 검토

4. 문제 해결 변인

문제 해결 과정에서 영향을 주는 변인을 문제의 변인과 해결자의 변인을 들 수 있다. 먼저 문제 변인으로는 문제의 제시방법, 정보량, 상황, 난이도, 추리 단계, 정보량 등이 있다. 문제의 제시 방법에 있어 홍미영과 박윤배(1994)는 화학 문제를 말, 그림, 그리고 화학반응식으로 제시했을 경우, 학생들은 화학반응식 문제는 대체로 유형이 일정하기 때문에 더 쉽다고 생각하는 경향이 있었고, 말과 그림으로 제시한 문제에 비해 성취도도 높다고 하였다.

정보량에 있어 Camacho와 Good(1989)은 교과서에 나오는 대부분의 문제들은 모두 문제 해결에 꼭 필요한 정보만을 제공하고 있다고 하였으며 불필요한 정보가 제공된 경우 학생들은 모든 정보를 활용하여 문제를 해결하려 하며 자신감이 현저히 줄어드는 경향을 나타내었다(홍미영과 박윤배, 1995).

문제 상황에서 학생들이 학교에서 배운 과학 개념을 일상생활과 관련시키지 못하므로 일상적 상황의 문제 해결에 어려움을 겪는다고 보고하였다(노태희 외, 1996). 친숙한 내용의 과제일수록 학생들의 비례 논리에 대한 성취가 높아지는 것으로 나타났다(Saunder & Jesunathadas, 1988). 과학적 개념을 적용하는 것은 일상적 상황에서 더 어렵고, 변인 사이의 관계를 파악하는 것은 과학적 상황에서 더 어려운 것으로 나타났다(노태희 외, 1997).

추리 단계가 복잡한 문제일 경우에는 필수 선행 기능을 갖춘 학생이라고 하더라도 여러 단계를 걸쳐 문제를 해결하는 과정에서의 어려움, 공식의 의미나 적용 범위에 대한 이해 부족으로 실패한 경우가 있었다(박윤배, 1991).

Finegold와 Mass(1985)에 의하면, 문제 해결에 성공하기 위해서는 문제와 관련된 내용에 대한 지식 기반, 문제를 표상할 수 있는 능력, 전략을 선택하고 계획하는 능력, 적절한 기술과 지식을 사용하여 문제 해결을 수행할 수 있는 능력이 요구된다고 하였다. 이를 토대로, 문제 해결에서 성공한 사람과 실패한 사람들에 대한 차이에 대해 연구한 내용들을 정리해 보면, 문제 해결 성공자는 전문가와 유사한 특성을 나타내며, 문제 해결 실패자는 초보자와 같은 특성을 나타내고 있는 특징이 있다.

권재술과 이성왕(1988)은 물리 문제 해결 실패자(초심자)와 성공자(전문가)의 문제 해결 사고 과정에 관한 연구에서 전문가는 초심자보다 문제를 빠르게 해결하며, 그림을 그려 문제를 빠르게 이해하려는 경향이 높고 그림에 표시되는 정보의 양이 많고 그림의 내용도 정교하다. 또한 전문가는 바로 풀기 전략을, 초심자는 거꾸로 풀기 전략을 사용하려는 경향이 높으며, 전문가와 초심자는 문제의 이해, 계획, 계획의 수행, 검증 등의 순서에 따라 문제를 해결하며 전문가는 초심자보다 문제의 이해, 검증 단계에 비교적 높은 비율의 시간을 할애하나 계획 단계에는 비교적 낮은 비율의 시간을 할애한다.

초심자의 경우 정답자는 오답자에 비하여 짧은 시간에 문제를 해결하지만, 전략, 그림에 표시되는 정보의 양 및 내용 면에서는 전문가와 큰 차이가 없다고 하였다. 문제 해결 전문가(성공자)는 문제를 정확히 진술하고 충분히 이해하는 정성적인 단계를 거치는 반면, 초보자(실패자)는 계획 없이 성급하게 문제를 해결하려 하며 문제의 모든 조건을 고려하지 못한다. 또한 전문가는 자신이 구한 답이 타당한가를 평가하고 검토하는 과정을 거치지만, 초보자는 검토 단계를 거치지 않는 경향이 있다(Camacho & Good, 1989; 노태희 외, 1996).

문제 해결 전문가와 초보자의 과정을 분석한 결과, 전문가는 기억 용량에 대한 부담을 줄이는 방안으로 인지적인 전략을 사용하고 있었으며 이는 정보와 개념, 관련된 절차를 하나의 단위로 구조화하는 것이었다(Anderson, 1982). Greenbowe(1983)는 문제 해결 실패자들은 적절한 개념을 적용하지 못하고 문제를 제대로 표상하지 못하는 반면, 성공자들은 화학의 세 가지 수준― 거시적, 미시적, 상징적 수준에서 문제를 표상할 수 있으며, 더 나은 과정 지식을 사용하였다.

Woods(1989)는 전문가와 초보자의 문제 해결 특성을 <표 2>과 같이 비교, 정리하였다(전경문, 1999).

〈표 2〉전문가와 초보자의 문제 해결 특성 비교(Woods, 1989)

초보자(문제 해결 실패자)	전문가(문제 해결 성공자)
1. 빨리 해결하는 것을 중요시하고 과거의 경험을 회상하여 그대로 적용하려고 한다.	1. 신중함과 정확함을 중요시하고 대안을 탐색하거나 점검함으로써 각각의 문제 상황에 대해 새롭게 접근하려고 한다.
2. 문제 해결 과정을 인식하지 못한다.	
3. 문제 해결 과정상의 여러 단계를 두서없이 반복하여 거친다.	2. 문제 해결 과정을 인지하고 있으며, 효과적인 인지 전략을 사용하고 다른 방법을 계속 탐색한다.
4. 문제에 제시된 용어의 의미를 모두 이해하지는 못한다.	
5. 문제의 상황에 대하여 신중하게 탐색하지 않고 떠오르는 생각대로 문제 해결에 돌입한다.	3. 문제를 단계별로 해결한다. 문제 확인, 탐색, 계획, 수행, 평가, 검토 등의 활동을 고려한다.
6. 문제가 해결되지 않을수록 더욱 성급한 행동을 나타낸다.	4. 문제에 제시된 단어의 의미를 모두 이해하려고 하고 모호한 부분을 명료화한다.
7. 주어진 정보나 과거의 경험만을 토대로 결론을 내리는 경향이 있다. 문제를 해결하는데 필요한 새로운 정보를 스스로 찾아내지 못한다.	5. 문제에서 통제해야 할 조건, 단서, 조건 등을 확인한다. 관련 변인이나 영향을 미치는 요인 등을 탐색한다.
	6. 문제를 조직하기에 앞서 선택 사항을 신중하게 고려한다.
8. 단서, 조건, 가능한 해결책 과정 등을 혼동한다.	7. 필요한 정보를 규명한다.
9. 다른 대안에 대한 신중한 고려 없이 일단 떠오른 해결책을 사용한다.	8. 단서, 조건, 가능한 해결책, 과정 등을 명확하게 분화한다.
10. 조건을 확인하지 않고 결론을 내린다.	9. 다양한 해결책, 과정, 방법, 인과관계, 결과 등을 고려한다.
11. 자신의 문제 해결 과정이나 기술을 명확하게 평가하지 못한다.	10. 조건을 규명한 후 결론을 내린다.
12. 문제에 제시된 용어에 기초해 문제의 유형을 분류한다.	11. 자신의 문제 해결 과정에서 장점 및 단점을 명확하게 평가한다.
	12. 문제의 유형을 기본적인 원리나 인과 관계에 기초해 분류한다.

5. 문제해결 영역 평가틀 및 검사 도구 제작

가. 문제해결 소양

PISA 2003 본 검사의 주요 방향은 새로이 문제해결 영역이 도입된 것이다. PISA 2003 본 검사에서 평가하는 영역은 기존의 읽기,

수학 및 과학 영역에 문제 해결 영역이 추가되어 총 4개 영역에 대한 평가가 이루어졌다.

PISA 2003에 새로이 도입된 문제해결 영역은 하나의 특정 교과 영역에 대한 것이 아니라, 교육과정을 총괄하여 적어도 두 개 이상의 학문영역에 걸친 기술과 능력을 평가하기 위하여 고안된 것이다. 문제해결 영역은 다양한 학문영역에 걸치는 내용으로 구성되며, 실생활 속의 문제 상황을 강조한다. 문제해결 영역을 특징짓는 범교과적이라는 표현은 읽기, 수학 및 과학 등과 같이 특정한 교과영역을 지칭하는 것과는 대조적인 의미로 사용된다.

PISA의 문제 해결 영역 전문가 위원회(Problem – Solving Expert Group)에서 내린 문제해결 소양의 정의는 다음과 같다.

문제해결 소양이란, 해결 과정이 명료하지 않으면서 적용 가능한 소양 영역이나 교과 영역이 수학, 과학 및 읽기 중에서 어느 하나의 영역 내에 국한되지 않는, 실제적이고 범교과적 문제 상황을 직면했을 때, 이를 해결하기 위하여 인지적 과정들을 활용할 수 있는 개인의 능력을 말한다.

나. 문제해결 영역 평가틀의 구조

1) 문제 유형

문제해결 과정은 의사를 결정하거나, 체제를 분석하고 설계하거나, 해당 영역에서의 문제점을 해결하는 등의 특정 목적을 달성하기 위하여 총체적으로 동원된다.

2) 문제해결 과정: 문제 해결의 과정을 제안

• 제시된 문제 이해하기(Understanding the problem): 학생들이 어떻게 주어진 글, 그림, 공식이나 표를 이해하여 그로부터 추론해 내고, 다양한 출처로부터의 자료를 관련짓고, 관련된 개념들에 대한 지식을 증명하고, 그들이 지니고 있는 배경지식을 이용하여 주어진 정보를 파악하는 활동 등을 포함한다.

• 문제를 특성화하기(Characterizing the problem): 이 과정은 학생들이 문제 속의 변인들과 변인들 사이의 상호 관련성을 어떻게 파악하고, 각 변인의 관련성 여부를 판단하고, 가설을 설정하며, 주어진 문제의 전후 맥락 속에 제시된 정보를 기억하고, 조직하며, 비판적으로 평가하는 활동 등을 포함한다.

• 문제를 표상화하기(Representing the problem): 이 과정은 학생들이 제시된 문제를 표, 그래프, 기호 및 말로 표현하고, 문제해결을 위한 제시된 표현 도구를 활용하며, 다양한 표현 양식들을 능숙하게 전환하는 등의 활동을 포함

• 문제 해결하기(Solving the problem): 이 과정은 의사 결정을 내리고, 특정한 목적 달성을 위해 체제를 분석 또는 설계하고 해결책을 진단하고 제안하는 등의 활동을 포함한다.

• 문제에 대하여 숙고하기(Reflecting on the problem): 이 과정은 학생들이 스스로 도출해 낸 해결책을 점검하고 명확히 하기 위하여 추가 정보를 찾거나, 해결책을 재구조화하고 사회적으로 또는 기술적으로 보다 설득력이 있도록 하기 위하여 다양한 관점에서 자신의 해결책을 평가하고, 해결책을 정당화하는 활동을 포함한다.

• 문제 해결책을 의사소통하기(Communicating the problem solution):

이 과정은 학생들이 외부 사람들에게 자신의 해결책을 표현하고 전달하기 위하여 적절한 매체나 표상을 선정하는 활동을 포함한다.

3) 추론기술

개인의 성공적인 문제해결 수준은 각자가 지니고 있는 일반적인 추론 능력과 높은 상관관계를 지니고 있다. 문제해결 과정의 각 요소는 문제 해결자의 지식뿐만 아니라 추론 기술을 요구한다.

- 분석적 추론: 학생들이 필요한 충분조건을 결정하거나, 문제의 지시문에 제공된 조건과 제한 요소들 사이에 인과 관계가 있는지를 결정하기 위하여 형식 논리의 원리들을 적용해야 하는 상황들로 특징지을 수 있다.

- 정량적 추론: 학생들이 주어진 문제를 해결하기 위하여 수학 영역의 수 감각이나 수치 계산과 관련된 성질이나 절차를 활용해야 하는 상황들로 특징지을 수 있다.

- 유추적 추론: 학습자에게 친숙한 상황 속에서 문제를 설정하거나, 학습자가 과거에 해결한 것과 비슷한 문제 요인을 포함하고 있는 상황으로 특징지을 수 있다. 새로운 지문의 매개 변인이나 상황은 바뀌더라도 동인이나 인과 관계는 동일하다. 학생들은 유사한 상황을 해결한 과거의 경험에 비추어 새로운 문제를 해석함으로써 문제를 해결할 수 있다.

- 종합적 추론: 학습자가 폭넓은 요소들을 점검하고, 이들 요소들이 나타날 수 있는 다양한 조합들을 고려하고, 객관적인 제한 요소를 반영하여 각 조합을 평가하고, 이러한 조합들의 순위를 매기거나 선택해야 하는 상황들로 특징지을 수 있다.

〈표 3〉 문제해결 영역의 구성요소

문제해결 영역의 구성요소	정의	하위 요소
문제 유형	• 주어진 제한점을 고려하여 학생들이 의사 결정을 내릴 것을 요구한다.	• 의사결정 • 체제 분석 및 설계 • 문제점 해결
문제 상황	• 문제 상황 설정 부분으로서, 되도록 교실 상황이나 학교 교육과정과 무관한 상황을 선정한다.	• 개인 생활 • 학교생활 • 일과 여과 • 지역사회와 학교
학문영역	• 실생활 속의 문제해결에 초점을 둔 PISA 문제해결 영역에서는 폭넓은 교과영역을 포함한다.	• 수학, 과학, 문학, 사회학, 기술, 상업 등(단, 수학, 과학, 읽기 영역과의 중복을 피하기 위해 이들 영역들 중에서 한 교과영역에만 국한되지 않도록 유의한다.)
문제해결 과정	• PISA 문제해결 영역의 평가를 통하여 학생들이 문제해결에 어떻게 접근하는지에 대한 정보를 수집하고자 한다.	• 제시된 문제 이해하기 • 문제를 특성화하기 • 문제를 표상화하기 • 문제 해결하기 • 문제에 대하여 숙고하기 • 문제 해결책을 의사소통하기
추론기술	• 문제해결의 과정은 문제 해결자가 지니고 있는 지식과 함께 추론 기술에 의존한다.	• 분석적 추론 • 정량적 추론 • 유추적 추론 • 종합적 추론

6. 문제 해결 선행 연구

과학 교육 분야에서 문제 해결 영역의 많은 연구들에 의하면, 문제 해결력의 향상은 과학 교육의 중요한 목표로 간주되어 왔다(Smith & Good, 1984). 지금까지 이루어진 문제 해결 관련 연구 내용을 분석해 보면, 문제 해결 단계와 문제 해결 시간을 분석한 연구, 성공하는 학생과 실패하는 학생, 전문가와 초보자들이 가지는 문제 해결

과정에서의 차이를 비교한 연구, 문제 해결 전략을 사용하여 학생들의 문제 해결력을 향상시키기 위한 교수 방법의 효과를 분석한 연구, 문제 해결에 참여하는 해결자, 청취자 활동을 분석하여 비교한 연구, 협동 학습에서 소집단별로 상호 작용을 분석한 연구 등이 있다.

문제 해결 단계와 문제 해결 시간을 분석한 연구에서 홍미영과 박윤배(1995)는 문제의 정보량, 추리 단계, 상황에 따른 차이를 조사하였다. 불필요한 정보를 제시한 경우에는 이해 및 계획 단계에, 필요한 정보를 제시하지 않은 경우에는 수행단계에 많은 시간이 사용되었다. 추리 단계가 복잡한 문항에서도 이해와 계획 단계에 많은 시간이 사용되었다. 문제의 상황에 따라서는 학생들이 일상적 상황의 문제에서 이해 및 계획 단계에 많은 시간을 사용하고 검증 단계는 거의 거치지 않는 것으로 나타났다. 그러나 중학생 42명을 대상으로 한 노태희와 전경문(1997)의 연구에서는 학생들이 일상적 상황의 문제를 이해하고 검토하는 데 많은 시간을 소모하였다. Mason 등(1997)은 전문가 2명과 초보자 20명을 대상으로 개념 문제와 수리 문제의 해결 과정을 비교하였는데, 개념 문제보다는 수리 문제에서 문제 해결 소요 시간이 많았다.

문제 해결에 소요되는 시간에 대해서 문제 유형에 따른 홍미영과 박윤배(1995)가 대학생 4명을 대상으로 기체의 성질에 관한 화학 문제 해결 과정을 조사한 결과, 난이도가 높은 문제일수록 이해와 계획 단계에 많은 시간이 소요되고 친숙한 문제의 경우에는 계획 단계가 매우 짧거나 거의 드러나지 않는 것으로 보고하였다.

성공하는 학생과 실패하는 학생에서 문제 해결 성공 여부에 의한 차이에 대해서는 대부분의 연구가 문제 해결 전체 과정에 소요되는 총 시간이 성공자보다 실패자의 경우가 더 많은 것으로 보고하였다(권 재술과 이성왕, 1988; 노태희와 전경문, 1997; Mason et al., 1997). 그러나 문제 해결 각 단계별 소요 시간에 대해서는 서로 다른 연구 결과가 보고되었다. 물리 문제 해결에서 Finegold와 Mass(1985)는 고등학생 12명을 대상으로 연구한 결과, 성공자들이 문제의 이해 및 계획 단계에 더 많은 비율의 시간을 사용하는 것으로 보고하였다. 이는 성공적인 해결자가 문제를 정성적으로 이해하고 계획을 상세하 게 세우기 때문으로 해석되었다.

박윤배와 조윤경(2005)은 여자 고등학생을 대상으로 정량적 문제, 정성적 문제에 대한 고등학생들의 물리 문제 해결 과정을 분석하였다. 분석 결과 문제 해결에 성공한 경우는 총 24 경우 중에서 정량적 문 제가 12회, 정성적 문제가 15회로 큰 차이가 없었다. 사용한 공식과 해결 전략에서도 차이가 없었다. 소요 시간을 보면 정량적 문제가 정 성적 문제에 비해 총 시간이 길었고, 정량은 정성에 비해 계획 단계에 서, 정성은 정량에 비해 검증 단계에서 시간 사용 비율이 길었다.

임채성과 왕경순(2000)은 초등학생을 대상으로 다중지능에 기초한 과학 프로젝트 활동이 초등학교 아동의 문제 해결 행동에 미치는 영 향을 연구하였는데, 다중지능에 기초한 프로젝트 활동을 지속적으로 실천하면 문제 해결 기능과 성향이 모두 신장되며, 특히 문제를 찾 고 자료를 수집, 분석, 정리하는 성향과 기능에 많은 기여를 하는 것 으로 나타났다.

서경희(2001)의 연구에 의하면, 화학 문제 해결력 검사와 수업 참 여도에 대한 인식 검사에서는 처치 집단의 점수가 통제 집단에 비해 유의미하게 높았다. 그러나 자아 효능감 검사에서는 두 집단 간에 유의미한 차이가 없었다. 학생들의 사전 화학 성취 수준과 수업 처치와의 상호작용을 분석한 결과, 각 검사 점수에서 두 집단 간 차이가 유의미하지 않았다.

이혜숙 외(2007)는 중학생을 대상으로 유전 단원에서 문제 표상 학습이 문제 해결 자신감, 문제 해결력 및 학업성취도에 미치는 효과를 분석하였는데, 문제 표상 학습은 문제 해결 자신감에 통계적으로 유의미한 차이를 나타냈다. 학습자는 그림으로 표현되는 문제 표상 체크리스트를 통해 학습 내용에 대한 흥미가 유발되고, 자신의 학습 과정을 서술하는 문제 표상 훈련지의 작성 과정에서 학습에 대한 자아 효능감 및 성취에 대한 기대가 향상된다. 문제 해결력 검사 결과 실험집단이 평균적으로 높았으며 통계적으로 의미 있는 차이를 보였다. 학업성취도에 있어도 실험집단이 평균적으로 높았고 통계적으로 의미 있는 차이를 나타내었다.

최헌수(1996)가 초등학생에게 수학 문제 표상 훈련을 시킨 결과 학업성취도가 향상되었다고 보고한 연구 결과와 일치한다. 또한 생물교과 수업에서 김태훈 외(2004) 이 Mayer의 외적 표상 훈련을 통해 고등학생의 학업성취도가 향상된다고 보고한 연구 결과와도 일치한다.

전경문 외(2006)는 고등학생을 대상으로 동기 및 인지 변인이 화학 선다형 수리 문제 해결에 미치는 영향을 성취목적, 유능감, 학습 전략, 자기 조절 능력 등의 측면에서 연구한 결과 유능감과 과제 지향 목적이 자기 조절 능력을 경유하여 화학 수리 문제 해결력에 긍정적인 영향을 미치는 것으로 나타났다. 화학 수리 문제 해결력을 향상시키기 위해서는 무엇보다 자신의 능력에 대한 믿음과 학습 과정을 스스로 조절하는 능력이 요구된다. 또 자기 조절 능력과 같은 인지 변인의 습득을 촉진하기 위해서는 자신의 능력에 대해 자신감과 학습 자체를 중시하는 자세가 필요하다.

송현미(2006)는 고등학생을 대상으로 물질대사 단원의 서술형 문제 해결 학습에 있어 동료 평가의 효과 및 소집단별 언어적 상호작용을 분석한 결과 학업 성취도 상위 학생들은 평가 방식에 의해 영향을 받지 않았으나 하위 학생들은 교사 평가 학급에서 학업 성취도가 더 높아지는 것으로 나타났다. 메타인지 측면에서는 동료 평가를 실시하였던 학급이 교사 평가를 실시하였던 학급에 비해 더 높은 향상도를 기록하였다.

그 외 노태희와 전경문(2002)은 해결자·청취자 문제 해결 활동에서의 소집단 과정을 연구하였고 정영선(2003)은 계획과 검토 단계를 강조한 문제 해결 전략과 해결자·청취자 활동의 교수 효과를 분석하였다. 이 연구들은 해결자, 청취자 활동이 문제 해결에 효과적임을 밝히고 있다.

III. 결 론

문제 해결 과정과 그에 대한 여러 내용들에 대해 살펴보았고 각각의 선행 연구에서 과학 문제 해결에 있어 의미하는 바에 대해서도 논의해 보았다. 현장에서도 초등 과학 교육의 문제 해결 과정에 대한 좀 더 심도 있는 연구가 이루어진다면 학생들의 과학 문제 해결 능력 신장에 큰 도움이 되리라 여겨진다.

제 2장 ㅣ

초등 과학 교육에 있어서의 과학문제 (지식, 탐구, 태도) 해결 과정에서의 성별 특성

Ⅰ. 서 론
Ⅱ. 본 론
　1. 생물학적인 성별 특성
　2. 과학 지식에서의 성별 특성
　3. 과학 탐구 능력에 있어서의 성별 특성
　4. 과학 태도에 있어서의 성 차이
　5. 과학 우수아의 성별 특성
Ⅲ. 결 론

Ⅰ. 서 론

과학 지식, 과학 탐구, 과학 관련 태도 등에 있어 그동안 남녀에 대한 연구가 많이 이루어져 왔다. 선행 연구에 따르면 성차의 원인으로 몇 가지가 제시되고 있는데, 그중 하나는 사람이 태어나면서부터 타고나는 생득적인 차이이고, 다른 하나는 후천적으로 학생 스스로의 경험과 주변의 영향 등에 의한 사회적인 원인이다(박아청, 1992). 과학 교육에서 나타나는 성차의 특성을 생물학적인 측면, 과학 지식 측면, 과학 탐구 능력 측면, 과학 태도 측면으로 나누어 살펴보고자 한다.

Ⅱ. 본 론

1. 생물학적인 성별 특성

과학 교육에서 발생하는 성차의 원인을 남성과 여성의 선천적인 생물학적 차이에 두고 있다. 남녀의 신체적인 특성에 따라 나타나는 행동의 성별 특징에 대해 살펴본 내용으로 대뇌의 좌뇌와 우뇌의 상이한 기능(Johson, 1982)이나 남성과 여성의 호르몬의 차이, 시각-공간 능력의 특정 측면들이 유전되며 아마도 X 유전자와 관련되어 있을 것이라고 보고된다(Lin & Peterson, 1985). 그러나 연구 결과들의 대다수는 이러한 설명들을 일관되게 지지하지 않는 것으로 나타났다(Boles, 1980). 또 다른 연구자들은 성호르몬들이 신경전달 물질들과 상이하게 상호 작용하면서 지적 수행에 영향을 미친다고 상정해 왔다(Broverman et al., 1968). 이들 연구에서는 성호르몬과 신경전달물질 간의 상이한 상호작용은 남성과 여성의 신경체계로 하여금 상이한 신경적, 행동적 활성화를 일으키게 하는 소인이 된다고 주장하였다. 그러나 이러한 호르몬과 인지적 수행 간의 관계를 지지해 주는 증거 역시 미약하며 일관적이지 못하다는 비판을 받았다(Maccoby & Jacklin, 1974).

남녀의 뇌기능 분화에 대한 연구에서 Blackslee(1980)는 뇌반구 각각의 전문 능력을 측정하기 위한 모든 테스트에서 여자의 기능 분화는 남자보다 약한 경향을 나타낸다고 했다. 이러한 경향을 남녀 사이의 생물학적 차이로 보고 있다. Koh(1982)는 지적 능력에 있어 일반적으로 우반구의 능력인 시·공간적인 능력은 남자가 여자보다 우세하고 좌반구의 능력인 언어적 능력은 여자가 더 우세하다고 한다.

강호감(1991)은 남학생은 우반구 우세아가 많고 여학생은 좌반구 우세아가 많다고 하였다. 좌반구 성취 수준에서는 남자와 여자의 차이가 없고 우반구의 성취 수준에서는 남자가 더 우세한 것으로 나타났다(박숙희, 1994). 여자는 철자를 생각할 때 뇌의 좌·우반구 모두를 쓰는 데 반해 남자는 주로 좌반구를 쓴다고 한다(서유헌, 2000).

그러나 과학 학습에서 나타나는 성차를 생물학적 변인에 의해서만 설명한다면 이는 너무나 자연스럽고 당연한 현상이므로 성차에 대한 교육학적 설명이나 교육적 조치가 필요치 않게 된다(최경희, 2001).

2. 과학 지식에서의 성별 특성

과학이라는 단어는 '앎'을 의미하는 라틴어 'scientia'에서 파생된 것으로 라틴어에서 유래한 과학의 사전적인 정의에 근거하면 과학은 '지식의 소유(a possession of knowledge)'이다(Webster's, 1973).

과학 지식은 자연에 대한 사실, 개념, 원리, 법칙 등으로 구성되는데 과학 교육에서는 이들 중 기본적인 것을 학생들이 기억, 이해, 적용할 수 있도록 지도한다. 기억은 학생들이 학습한 내용을 그대로 재생해 낼 수 있는 능력을 말한다. 이해는 단순히 기억하는 것을 넘어서서 자료의 의미를 아는 것을 말한다. 적용은 새로운 상황에 학습한 내용을 활용할 수 있는 능력이다. 학생들에게 새로운 개념을 조직해서 제시하면, 학생들은 과학 개념에 관해 아무것도 모르거나 알고 있더라도 이해의 정도가 낮아서 교사가 가르쳐 주는 대로 이해할 것이라는 생각을 교사들은 가지고 있다(Gilbert et al., 1982).

교수 학습의 과정에서 교사가 학생들에게 학습 내용을 제시할 때, 학생들은 학습에 관련되는 용어나 자연현상에 관해 각자의 경험을 통해 이미 나름대로 선개념을 구성해 놓고 있다(Duit & Pfundt, 1988).

학교에서 과학 교육이 필요한 이유는 과학과 기술의 관계에서 찾아볼 수 있는데 전통적으로 과학의 기본적 원리와 이론을 알면, 그 응용과 기술은 기계적으로 수반된다고 보았다. 그러나 오늘날에는 과학과 기술의 적용 방법 및 과정이 다르다고 본다(조희형과 박승재, 2001).

학생의 학업성취도에 대한 많은 연구에서 과학 지식에서의 성차가 유의미하게 나타났다. 성 차이에 대한 과학 학력의 차이에 대한 외국의 연구에서 남학생이 여학생보다 높은 성취를 낸다고 보고하였다(Becker, 1989; Beller & Gafni, 1996; Evans et al., 1995; Hedges & Nowell, 1995; Martin et al., 2000).

대규모 국제 비교 연구들은 주로 선다형 객관식 검사를 실시하고 있다. 객관식 문항이 학생들의 능력을 신뢰롭고 타당하게 측정하는 데 많은 한계가 있음에도 불구하고 채점의 객관성과 경제성, 시간 제약 등의 이유로 빈번하게 사용되고 있다. Hein(1987)은 지필평가는 학생이 실제 상황에서 과학적 지식을 적용할 수 있는지를 평가하는 데 매우 비효과적이라고 하였다. 객관식 평가의 대표적인 유형이라고 할 수 있는 선다형 평가는 가장 보편적이면서 주된 평가 도구로 이용되고 있으며, 수행 평가와는 다른 능력을 효율적으로 평가할 수 있기 때문에 여전히 나름대로의 중요성을 가지고 있어서 학교 현장에서 중요하게 활용되고 있다(정미라 외, 2004).

초등학생을 대상으로 과학 지식에 대한 성 차이에 대해 연구한 결과를 보면, 김범기 외(1996)는 천문 개념 성취도와 공간 능력과의 상관관계 연구에서 지구와 달의 운동 개념 성취도에서 남학생이 높게 나타났다고 보고하였다. TIMSS－1995 국제 비교 연구에서 우리나라 초등학교 4학년의 남녀 학업성취도에 있어서 남학생의 과학 평균은 604점, 여학생은 590점으로 남학생이 14점 높았다(이미경과 허명, 2004).

중·고등학생을 대상으로 한 과학 지식에 대한 성 차이에 대한 연구에서, 김수미와 정영란(1997)은 항상성, 동식물 분류, 식물의 양분 생산에 대한 학생 개념에 대한 조사에서 항상성 개념과 동식물 분류 개념에 대한 이해도는 남학생이 여학생보다 의미 있게 높은 반면, 식물의 양분 생산에 대한 이해도는 남학생이 여학생보다 의미 있게 높았다고 보고하였다.

화학 개념 이해에서의 성 차이에 대한 연구(한재영 외, 2000)에서도 화학 관련 환경 개념에 있어 고등학교 남학생들이 여학생보다 통계적으로 유의미하게 높았다. 지구 과학 개념에서도 남녀 학생 간의 성 차이가 나타났는데, 계통도를 이용해 중등 학생의 지구와 달의 운동에 관한 개념 유형을 파악한 우종욱 외(1995)의 연구에서 남학생이 여학생보다 지구와 달의 운동에 관해 더 발달된 개념을 가지고 있는 것으로 나타났다.

신동희와 박정(2002)은 TIMSS－R과 OECD/PISA에 포함된 지구 환경 과학 관련 문항들의 성 차이를 분석한 연구에서 우리나라 여학생들이 지구 과학 내용 중에서도 특히 천문학 문항에서 남학생보다 더 큰 차이를 보이며 낮은 성취 결과를 보임을 밝혔다.

신동희와 김동영(2003)이 중학생을 대상으로 평가 방법에 따른 과학 성취도에서의 성 차이에 대해 행한 연구에서 주관식 문항이나 수행평가에서 남학생보다 여학생이 의미 있는 차이를 보이며 높은 성취도를 나타냈다.

신동희와 박병태(2007)는 우리나라 과학 교육 관련 학회지에서 발표된 논문들을 정리하여 과학 지식의 세부 영역별 성 차이 경향을 살펴본 결과, 과학 전체, 물리, 지구과학, 환경이나 STS 등의 내용을 검사한 연구에서 남학생이 우세한 연구가 많은 것으로 드러났고 생물과 과학의 본성을 검사 내용으로 사용한 연구에서는 여학생이 우세한 것으로 나타났다. 화학의 경우에는 전반적으로 남학생이 높은 성취 결과가 나온 논문들이 많았다고 보고하였다.

이와 같이 과학 지식의 여러 부분에서 남학생이 높은 성취를 보이고 있는데 이에 대한 요인으로 과학 성취에 있어 남학생이 높은 것은 가정에서 끼치는 영향 때문으로 보고하고 있다(Kahle & Meece, 1994; Simpson & Oliver, 1990). 또한 과학과 관련된 경험에 있어서도 남학생들이 여학생들보다 가정에서 과학에 관련된 활동에 더 많이 참여하고 경험하기 때문에 성취도에서 높은 점수를 얻는다고 분석하였다(Mullis & Jenkins, 1988). 교사와 학생 간의 상호 작용에 있어서도 교사가 여학생보다 남학생과 더 많은 상호 작용이 이루어져 과학 성취가 높아졌다고 하였다(Kelly, 1986).

이 외 과학 지식 성취도에 효과를 보인 연구를 살펴보면, 최은순과 노석구(2001)는 마인드맵 활용이 자연과 학업성취도에 미치는 영향을 연구한 결과, 성별에 따른 차이와 학습 방법 간의 차이가 통계적으로 대단히 유의하며 여학생에게 더 효과적이었다고 보고하였다.

최선영과 장남기(2003)는 초등학생 5, 6학년에게 전뇌순환 학습 프로그램을 적용한 결과 과학과 학업성취도에 효과가 있다고 보고하였다.

이종금(2000)은 초등학교 4학년 과학과에 대한 흥미도와 성취도를 조사하여 그 상관관계를 구하였는데 흥미가 높은 단원에서 성취도가 높은 상관이 나타났다고 하였다.

강순자 외(1997)는 초등학생 4, 6학년을 대상으로 한 과학개념, 과학과 관련된 태도, 지능의 상관관계 연구에서 초등학생들의 과학 개념은 지능과 상관관계가 있었으며 태도와는 상관관계가 낮았다.

정영란과 손대희(2000)는 협동학습 전략이 중학교 생물학습에서 학생들의 학업성취도에 미치는 영향을 살펴본 연구에서 여학생들의 성취도가 남학생에 비해 수업 후 크게 상승하여 여학생들에게 협동학습 전략이 효과적이었음을 밝혔다.

김영신 외(2001)는 초, 중, 고 학생을 대상으로 과학 성취도에 영향을 주는 요인을 분석한 결과 논리적 사고력과 정신 용량은 학년에 따라서 증가하고 있으나 학습자의 심리적 변인인 자기조절 학습능력, 성취동기 등은 학년이 올라감에 따라 하락하고 있고 학습 환경 또한 학년이 올라가면서 영향이 하락하고 있다고 보고하였다.

3. 과학 탐구 능력에 있어서의 성별 특성

과학 탐구는 과학 문제를 해결하는 데 필요한 모든 인지적 기능과 조작적 기능을 포함한다. 탐구 과정 및 탐구 능력이 무엇을 의미하느냐에 대해서는 많은 과학교육학자들이 서로 다른 정의를 내리고 있는데 이는 '탐구'에 대한 정의가 다양하기 때문이다. 특히, 과학 탐구 능력은 탐구 과정 기능, 탐구 기능, 탐구 과정 요소 등의 다양한 용어로 사용되어 왔으나 현재는 주로 과학 탐구 능력이라고 불리고 있으며 일반적으로 과학자들이 주어진 문제를 해결하기 위해 요구되는 능력으로 정의(Nakayama, 1988)한다.

탐구 과정은 크게 기초적인 탐구 능력이 요구되는 과정과, 기초적인 탐구 능력이 통합적으로 요구되는 과정으로 구분하고 있는데 이에 포함된 탐구 능력은 학자들마다 다르게 분석하고 있다. Abruscato(2000)는 과학의 과정을 기본 과정과 통합 과정으로 나누고 기본 과정에는 관찰, 시간·공간의 관계 이용, 수의 사용, 분류, 측정, 의사소통, 예상, 추론을 포함시키고 통합 과정에는 변인 통제, 자료 해석, 가설 설정, 실험 수행을 포함시키고 있다.

본 연구에서 기초 탐구 능력(basic process skills)은 관찰, 측정, 분류, 추리, 예상을 포함한다. 관찰(observing)은 모든 탐구과정에서도 가장 기본적인 능력으로 인간이 가진 다섯 가지 감각기관을 이용하여 자연의 현상이나 사물에 대한 양적·질적 정보나 자료를 수집하는 능력이다(Abruscato, 2000; Martin et al., 1997; Watson, 1991). 과학의 탐구는 자연현상에 대한 관찰에서 출발하며 관찰로부터 의문을 갖고 이로부터 구체적인 탐구 과정이 시작된다고 볼 수 있다.

분류(classifying)는 어떤 기준에 따라 주어진 자료를 묶거나 범주화하는 능력(Carin, 1997)으로 정의하며 넓은 의미로는 사물·사건·현상 등에 질서를 부여하는 행위(Abruscato, 2000)로 또는 주어진 자료들의 양을 비교하는 순서를 정하는 것(Ostlund, 1992)도 분류에 포함시키고 있다.

측정(Measuring)은 관찰의 정량화 혹은 정확한 관찰(Watson, 1997)로 정의하기도 하는데 이러한 시각은 측정을 관찰의 한 부분으로 보는 것이 특징이다.

추리(reasoning)는 논리적 추론의 한 가지로 관찰, 측정, 분류 과정에서 얻어진 자료를 바탕으로 어떤 사건이나 현상을 설명하는 과정이며 논리적 추론은 이미 내린 판단에 근거하여 새로운 판단을 이끌어 내는 사유 작용이라 할 수 있다(조희형과 최경희, 2000).

예상(predicting)은 앞으로 수행할 관찰에 대한 구체적인 예언, 관찰에 의해서 얻어진 자료를 바탕으로 아직 일어나지 않은 사건을 미리 생각해 보는 것(권재술과 김범기, 1994), 혹은 미래에 일어날 특수한 추리로 정의하는데 이러한 정의의 공통점은 예상의 시제를 미래에 두고 있다는 것이다.

통합 탐구 능력(integrated process skills)으로 본 연구에서는 자료 해석, 자료 변환, 변인 통제, 가설 설정, 일반화로 정의하였다.

자료 해석(interpreting data)은 주어진 자료에서 추론, 예상, 가설 설정의 바탕이 되는 변인들 간의 상관관계나 인과 관계 등을 찾아내는 능력을 말하며 관찰, 측정을 통해 자료를 수집하여 체계적으로 조직하고, 표·그래프·그림·사진 등을 읽고 결론을 도출하는 등의 과정을 말하는데 일반적으로 변인의 관계를 파악하는 것을 포함(Carin, 1997; 권재술과 김범기, 1994)시키고 있다.

자료 변환은 관찰이나 측정 결과로 얻은 자료를 기록하고, 자료를 해석할 수 있도록 표나 그래프 등으로 조작하거나 변환하는 활동을 말한다.

변인(variables)은 시간·장소·조건 등에 따라 달라지는 것으로 실험결과에 영향을 미칠 수 있는 변인들이 많을 때 그중 한 변인만 체계적으로 변화시키고 나머지 변인은 일정하게 유지시키는 것을 변인 통제(controlling variables)라고 한다. 주어진 실험에서 독립 변인과 종속 변인을 찾거나 이를 구별하는 능력도 변인 통제에 포함된다 (권재술과 김범기, 1994).

가설 설정(formulating hypothesis)에 대한 정의는 일반적인 견해가 없어 많은 혼선이 빚어지고 있으며 이에 대한 정의로는 관찰·실험·예상을 통해 검증 가능한 잠정적 언명 혹은 제시된 문제에 대한 잠정적인 해답(Charles, 1995)으로 정의하고 있다.

일반화는 구체적인 사례나 검증된 사실들로부터 일종의 외삽이나 귀납을 사용하여 좀 더 포괄적인 의미를 이끌어 내는 과정을 말한다.

과학의 과정으로서의 과학 탐구에서 유의미한 성차가 있는지에 대한 연구는 연구자들마다 다양한 결과를 발표했다.

김영신 외(2001)는 초등학생을 대상으로 한 연구에서 과학 탐구 능력에 가장 큰 영향을 미치는 변인은 인지 변인으로 유의미한 상관관계가 있었다.

이영아와 임채성(2001)은 초등학교 과학과 심화학습에서 다중지능을 활용한 과학 활동이 과학 탐구 능력에 유의미하게 도움이 되었다고 하였다.

김용권 외(2004)는 과학 놀이 활동이 초등학생들의 탐구 능력에 영향을 미쳤으며 남학생들보다 여학생들이 더 많이 향상되었다고 하였다.

최희정 외(2003)는 초등학교 4학년 학생에게 문제 해결 과정을 활용한 초등 과학 수행평가 도구를 개발하여 적용한 결과 탐구과정 요소에 있어 자료 해석 및 결론 요소에서 통계적으로 유의한 차이가 있었다고 하였다.

우종옥 외(1999)가 수행한 초, 중, 고 학생들의 과학 탐구 능력 추이 분석을 위한 종단적 연구에서는 학교 급별, 시기별로 다소 차이가 나는 성차 결과가 나타났다. 초등학생의 성별 과학 탐구 능력 추이를 분석한 결과, 1997년의 경우에는 모든 단계(문제 인식, 탐구 설계, 탐구 수행, 자료 해석, 결론 통합)에서 남녀 간에 의미 있는 차이가 없었으나, 1999년에는 탐구 설계와 탐구 수행에서 여자가 남자보다 유의미하게 높은 성취도를 보였다. 중학생의 경우, 1997년 탐구 능력 검사 결과 남자가 여자보다 결론 통합 단계가 더 높은 성취도를 보였으나, 1999년 탐구 능력 검사 결과는 결론 통합 단계에서 남녀 간의 유의미한 차이가 없으며 오히려 문제 인식과 실험 단계에서 남자가 여자보다 더 높은 성취를 보여 주고 있다. 고등학생은 중학생과 마찬가지로 남자가 여자보다 결론 통합 단계에서 더 높은 성취도를 보였다.

임청환과 정진우(1991)도 고등학생들의 논리적 사고력과 과학 탐구 기능 사이의 상관관계를 분석한 연구에서 인지 수준에 따른 논리적 사고력의 성별 차이는 형식적 조작 단계에서 유의미한 차이를 보였으며 그 이하 단계에서는 차이가 없었다. 인지 수준에 따른 과학 탐구 기능의 성별 차이는 모든 인지 수준에서 의미 있는 차이를 보이지 않았다.

김태선 외(2002)는 중학생의 그래프 능력과 과학 탐구 능력의 상관관계에 대한 연구에서 탐구 요소별 남녀 비교 결과 5개의 탐구 요소 중 가설 설정을 제외한 조작적 정의, 변인 확인, 그래프화/자료 해석, 실험 설계 등의 4개의 탐구 요소에서 남학생이 여학생보다 정답률이 높았다고 하였다.

이현래와 김범기(2005)는 학습 양식에 따른 과학 탐구 능력은 독립형, 참여형, 경쟁형 학생들이 의존형, 협동형, 회피형 학생들보다 의미 있게 높게 나타났으며, 남학생들은 독립형, 참여형, 경쟁형이 상대적으로 많았고 여학생은 의존형, 협동형, 회피형 학생들이 많아 이를 고려한 학습 지도가 이루어져야 한다고 하였다.

과학 탐구에서 유의미한 성 차이가 나타나지 않는다고 주장한 연구들의 예를 들면, 임청환과 남진수(1999)는 초등학생의 정신 용량과 인지 양식에 따른 과학 탐구 능력을 조사한 연구에서 과학 탐구 능력의 전체 평균은 남학생이 여학생보다 약간 높은 수준이나, 통계적으로 유의미하지 않음을 밝혔다.

중학교 1학년의 자유 탐구 보고서에 나타난 변인 유형을 분석한 김재우 외(1998)의 연구에서 학생들의 보고서 제목 진술에 있어서 변인을 명확하게 진술하지 못하는 경향이 남녀 학생에 별다른 차이가 없음을 밝혔다.

4. 과학 태도에 있어서의 성 차이

과학 교육에서 과학 지식, 과학 태도, 과학 탐구 능력의 배양을 중요시하고 있다(권치순 외, 2004). 또한 과학 태도는 학업 성취도와 깊은 관련성이 있는 것으로 보고하고 있어(Linda & Martha, 1982)

과학 태도에 대한 관심이 과학 교육에서 중요하게 인식되고 있다 (Laforgia, 1988; Talton & Simpson, 1986). 학생들의 과학에 대한 태도는 지식, 탐구 능력에 영향을 끼치고 있으며 이러한 학생들의 과학에 대한 태도에 영향을 주는 요인은 학생, 교사, 학습 환경이라고 하였다(Anderson & Walberg, 1976).

과학 태도는 과학 교육을 통해서 학생들이 성취해야 하는 정의적 영역의 목표들을 포함하며, 과학에 대한 태도와 과학적 태도로 구분된다. 과학에 대한 태도와 흥미는 학생들이 과학을 중요시하고, 과학에 관련된 여러 사항에 대하여 관심을 가지며 좋아하는 경향을 말한다. 과학적 태도는 탐구를 올바로 수행하기 위해서 가져야 할 바람직한 속성을 뜻하며, 객관성, 개방성, 비판성, 협동성, 인내성, 자연현상에 대한 호기심 등이 여기에 포함된다. 과학에 대한 태도는 학생들이 성장하여 과학에 관련된 직업이나 활동을 하는 데 매우 중요한 역할을 한다(Oliver, 1990).

권재술 외(1988)는 정의적 특성에 대한 학자들의 다양한 견해를 종합하여 다음과 같은 정의적 특성의 공통점을 추출하였다.

첫째, 정의적 특성은 추리된 과정이다. 정의적 특성은 직접 관찰할 수 없는 것이기 때문에 개인에게서 나타나는 행동을 관찰하여 추리되는 개념에 불과하다.

둘째, 정의적 특성은 방향을 결정해 주는 과정이다. 지적 특성은 한 개인이 무엇을 얼마나 할 수 있는가를 나타내 준다면, 정의적 특성은 어느 방향으로 가는지를 결정해 주는 개념이다.

셋째, 정의적 특성은 주체와 객체와의 관계이다. 사물, 사람, 장소, 추상적인 이념, 개념 등 개인의 환경 내에 있는 객체와의 관계를 나타내는 것이다.

넷째, 정의적 특성은 학습된 것이다. 정의적 특성은 환경의 자극에 대하여 그것을 해석하고 반응하는 방법이기 때문에 그것은 생득적으로 지니고 있는 특성이 아니라 환경과의 접촉을 통해서 학습되고 습득되는 특성이다.

다섯째, 정의적 특성은 일관성과 안정성을 지닌다. 정의적 특성이 일관성과 안정성을 지니고 있다는 것은 개인이 환경에 대한 반응에 있어서 순간적이고 일시적인 반응을 나타내는 것을 의미하는 것이 아니라, 계속적이며 일관된 반응을 나타낼 때 비로소 정의적 특성이라고 볼 수 있다는 것이다. 그러므로 정의적 특성은 일반적으로 개인의 행동을 규제하는 힘이 넓고 강할 뿐만 아니라 변화가 어렵고 변화하는 데 많은 시간이 걸린다는 것이 특징이다.

TIMSS-1995, TIMSS-1999 연구에 의하면(<표 1> 참조) 과학에 대하여 긍정적인 태도를 가지고 있는 학생 비율이 우리나라는 국제 평균보다 낮고, 특히 여학생은 더 낮게 나타났다.

〈표 1〉 과학에 대한 태도가 긍정적인 중학교 2학년 학생의 비율

(이미경과 허명, 2004)

	TIMSS-1995		TIMSS-1999	
	여학생	남학생	여학생	남학생
한국	8(0.8)	15(1.0)	7(0.6)	14(0.7)
국제 평균	28(0.4)	35(0.4)	28(0.4)	34(0.4)

<표 1>에서 보듯이 우리나라 남학생과 여학생 간의 과학 관련 태도에 있어서는 다른 여러 국가에 비해 차이가 커서 우려할 만한 수

준이다. 이는 비단 국제 비교뿐만 아니라 국내 여러 연구에서도 밝혀지고 있는데 유치원이나 초등학교부터 뚜렷하게 남학생이 과학 친화적인 성향을 보이고 있다(신동희와 박병태, 2007).

박찬주 외(2006)가 초등학생 4~6학년을 대상으로 성별에 따른 초등학생의 과학 선호도 차이와 과학 선호도에 영향을 주는 요인을 분석한 결과, 남학생이 여학생에 비해 과학을 더 선호하는 것으로 나타났으며 실험 참여도, 학업 성취도, 과학 수업 재미가 학생들의 과학 선호도에 영향을 주는 것으로 나타났다.

최희정 외(2003)는 초등학교 4학년 학생에게 문제 해결 과정을 활용한 초등 과학 수행 평가 도구를 개발하여 적용한 결과 수행 평가 도구가 과학 교과 및 단원에 대한 태도에 긍정적인 영향을 주었다고 하였다.

송진웅 외(1992)도 초·중·고 학생들의 과학 수업과 과학자에 대한 태도를 조사했는데, 여학생들이 남학생들보다 실험 수업이 아닌 교실 수업을 더 선호하는 경향이 있었다. 또한, 과학 수업에 대한 남녀 학생의 평가에서 남학생이 여학생보다 과학 수업에 더 긍정적인 평가를 하고 있었다. 과학자와 자신에 대한 평가 항목에서는 학교 급이 올라갈수록 남학생과 여학생의 자신에 대한 평가의 차이가 강화되고 학생 스스로의 성별에 따른 정형화가 가속화되는 것으로 나타났다.

노태희와 최용남(1996)은 초·중·고 학생들을 대상으로 성 역할 관점에서 과학자와 자신에 대한 이미지 격차 및 과학 관련 태도와의 관련성을 조사했다. 그 결과, 학생들은 과학자에 대한 특성으로 사회 문화적으로 여성에게 바람직한 속성으로 부여되어 온 동정적이고 온정적인 특성보다는 남성에게 바람직한 속성으로 부여되어 온 경쟁적이고 공격적인 특성에 대해 더욱 긍정하는 것으로 조사되었다. 특히, 이러한 과학자의 남성적인 이미지는 초등학생에게 가장 약하고 고등학생에게 가장 강하게 인식되어 있었다. 이는 과학 관련 경험이 누적되는 고학년으로 갈수록 과학자에 대해 여성적인 이미지보다는 남성적인 이미지가 더욱 강화되고 있음을 시사한다고 주장했다. 한편, 과학자의 남성적 이미지와 자신의 여성적 이미지에 대한 심리적인 격차는 특히 남학생보다는 여학생에게 월등히 큰 것으로 나타났다.

소금현 외(2000)가 영재 학생을 대상으로 한 연구에서 과학 관련 태도 수준은 전체적으로 남녀 학생 간에 유의미한 차이가 없었으나, '과학에 대한 직업적 관심 영역'에서 남학생이 여학생보다 통계적으로 유의미하게 높은 점수를 보였다.

안병균 외(1985)가 Klopfer의 과학 교육 목표 분류에 의해 중학생들의 과학에 대한 태도를 조사한 연구 결과, 과학과 과학자에 대한 태도, 과학적 태도 수용, 과학 학습 경험을 즐김, 과학과 관계있는 활동에 흥미 증진, 과학에 종사하려는 관심을 보임, 과학과 사회와의 관계에 대한 인식 등 6가지 범주별 성별 분석에서 남학생이 여학생보다 태도 점수가 높았으나, 과학적 태도의 수용과 과학과 사회와의 관계에 대한 인식에 대한 범주에서는 남녀 차이가 나타나지 않았다.

김효남 외(1998)가 초·중·고등학생을 대상으로 한 국가 수준의 과학 관련 정의적 특성 평가 체제 개발 연구 결과, 전체적으로 과학에 관련된 정의적 영역은 남학생이 여학생보다 더 긍정적으로 나타났고 특히 과학에 대한 흥미에 있어 남학생이 긍정적이고 여학생은 부정적으로 나타났다. 과학과 관련된 놀이나 활동에 대한 선호도는 중학교 여학생과 고 1 여학생의 경우 부정적으로 나타났으며, 과학적 태도 중에서 개방성과 협동성은 남학생보다 여학생이 더 높게 나타났으나, 호기심, 창의성은 남학생이 더 높게 나타났다. 남학생이 여학생보다 과학에 대한 정의적 특성의 성취 수준이 높은 것으로 나타났다.

한재영 외(2000)가 화학 관련 환경 개념 및 환경에 대한 태도 조사에서 화학 관련 환경 개념의 성취도는 남학생들이 여학생보다 통계적으로 유의미하게 높았다. 성별에 따른 환경에 대한 태도의 전체 점수는 여학생이 남학생보다 유의미하게 높았는데, 생태 중심적 태도에서는 유의미한 차이가 없던 반면, 자기중심적인 태도에서는 그 차이가 유의미하였다.

고등학생들의 과학에 대한 정의적 인식과 과학 탐구 능력 및 학습 성취도 구조 분석 결과, 과학에 대한 불안도 여학생이 남학생보다 과학에 대한 불안 인식이 더 높았지만, 고3 자연 계열의 경우 남학생이 고3 자연 계열 여학생보다 불안 인식이 높은 것으로 나타났다. 과학에 대한 태도도 여학생보다는 남학생이 보다 긍정적이었다(이재천과 김범기, 1996).

임청환(1995)은 중학생의 과학에 대한 태도, 과학 성적, 과학 탐구 능력, 과학 교사의 과학에 대한 태도와의 상관관계를 분석한 결과, 남학생의 경우는 과학 성적이, 여학생의 경우는 과학 탐구 능력이 학생의 과학과 관련된 태도에 유의미한 상관관계를 보였다.

이경훈(1998)은 고등학생의 과학에 관련된 태도와 과학 성취도와의 관계에서 남녀 모두 태도와 과학 성취도 간의 상관이 있지만 특히 여학생의 경우 과학 성취도와 태도와의 상관 계수 크기가 2배 이상 높게 나타나 여학생들의 과학에 대한 태도를 호의적으로 변화시켜 주면 과학 성취도를 향상시킬 수 있을 것으로 해석하였다.

프로그램을 투입한 결과를 보면, 최선영과 장남기(2003)는 초등학교 5, 6학년에게 전뇌순환 학습 프로그램을 적용한 결과 과학 관련 태도 변화에 있어서 5학년은 통계적으로 유의한 차이가 있었으나 6학년에서는 없었다고 보고하였다.

그 밖에 학생들의 과학 태도에 미치는 요인과 관련하여, 김영신과 양일호(2005)는 초등학교 학생들의 과학 태도를 긍정적으로 변화시키기 위해서 과학 실험이나 활동이 많이 이루어져야 하고, 교사가 수업을 재미있게 하는 것이 학생들의 태도에 긍정적인 영향을 끼친다고 하였으며, 실생활 소재를 사용하는 경우에 학습자들의 흥미와 관심을 증가하는 것으로 나타났다(Dlamini, 1996).

Anderman & Young(1994)은 과학 태도와 동기는 활동과 관련이 있다고 보고하였다. 교사가 과학 태도를 예견하는 가장 강력한 예측 변인이라는 주장도 있다(Haladyna et al., 1983).

과학 태도는 진로와도 큰 연관이 있다. 그러므로 성차를 줄이고 과학계로 보다 많이 진출할 수 있도록 여성들을 배려하는 일은 평등 교육의 실현을 통해 개인의 행복을 극대화하는 측면뿐 아니라 앞으로 다가올 지식 기반의 사회에 필요한 전문 인력의 확보와 이를 통한 국가 경쟁력 향상에 있어서 중요한 일이다(신영준, 2000).

5. 과학 우수아의 성별 특성

Bloom(1968)에 따르면 학교 현장에서 이루어진 학습 결과는 정상

분포 곡선을 이룬다고 했다. 이 곡선에서 상부 2/3를 학습 정상아라 하고 학습 정상아의 1/3을 학습우수아라 했다.

일반적으로 우수아란 어떤 한 개 분야 혹은 그 이상의 분야에서 탁월한 가능성을 지닌 자로서 최적의 환경이 주어지면 그 분야에서 고도의 잠재된 능력을 발휘하여 높은 성취를 할 수 있는 학생을 지칭한다(김건영, 2007).

이유경(1999)은 학습 우수아의 특성을 신체적 특성, 지적 특성, 성격적 특성, 동기적 특성, 창의적 특성, 지도성 분야로 나누어 정리하였다. 신체적 특성에서 학습우수아는 신체적으로 보통아들보다 우수하다고 하였으며 지적 특성에서도 지적인 능력이 보통아보다 높다고 하였다. 성격적 특성으로 학습 우수아는 보통아보다 더 도덕성, 관용성, 성실성 등이 뛰어나고 정서적으로 안정이 있으며 흥미가 다양하다고 하였다. 동기적 특성으로는 하나의 주제와 문제에 완전히 몰두하며, 과제를 완성하려고 노력한다고 하였다. 창의적 특성으로는 호기심이 많고 주어진 문제에 많은 해결 방안을 제공하고 지도성을 보면 책임감이 강하고 자신감이 많고 친구들 간에 인기가 있다고 하였다. 학습 우수아들은 지적 특성이 높아 학문적인 또는 그 이외의 영역에서 높은 성취를 보이며, 조화로운 성격으로 사회적으로 탁월한 업적과 중요한 역할을 수행해 나가고자 하는 특성이 있다.

김찬종(1998)은 초등 과학 우수 학생의 일상적 맥락의 과학 문제 해결 과정을 분석한 연구에서 서답형 문항에 대한 응답 분석에서 초등학교 과학 우수아들은 문제 해결 과정에서 물과 공기의 여러 특성에 대한 다양한 개념을 활용하였다고 분석하였다. 또한 초등학교 과학 우수아들은 문제 해결 과정에서 내용과 관련된 특수한 전략을 주로 활용하였고, 초등학교 과학 우수아들의 일반적인 문제 해결 과정은 문제 표상과 표제 해결 단계의 순서로 나타났으며 초등학교 과학 우수아들의 문제 해결 실패 원인은 여러 하위 단계에서 파악되었으나 그중에서 가장 중요한 부분은 관련 지식과 추론 단계였다고 보고하였다.

정미라 외(2004)는 초등학교 학생들의 과학 선다형 문항 풀이 과정에서의 오류를 분석하였다. 분석 결과 문항 풀이의 처음 단계에서 오류를 범한 학생들은 거의 오답을 선택하는 것으로 나타났다. 지식의 활용단계에서는 학생들이 학교 지식보다는 일상 지식을 더 많이 활용하는 것으로 나타났으며, 오개념과 경험 및 개념 부족도 많이 나타났다. 문항 풀이 과정에서 일상 지식과 더불어 오개념을 가지고 있거나 학습 상황을 직접적으로 경험해 보지 않은 학생은 주로 오답을 선택하였고, 일상지식과 더불어 학교 지식을 적용한 경우에는 정답을 선택한 것으로 나타났다. 문제 풀이에서 문제 이해가 매우 중요하다는 것을 알 수 있었다.

과학 우수아들은 전체 학생들보다 조합논리가 월등히 높게 형성되어 있었다(김영민과 이성이, 2002). 전경문 외(2000)는 고등학생을 대상으로 화학문제 해결력과 자아 효능감을 분석한 결과 대체로 남학생들은 자신의 능력을 다소 과대평가하는 경향이 있었으며, 특히 상위 수준의 남학생들에게서 이러한 특징이 두드러졌다. 상위 수준 여학생의 경우 자신의 능력을 과소평가하는 학생들이 많았다.

과학 우수아와 일반아에 대한 연구에서 상위 집단에서는 과학 성적이 학생의 과학에 관련된 태도와 가장 상관관계가 높았으며 남학생의 경우는 학생의 과학 성적이 여학생인 경우는 학생의 과학 탐구 능력이 학생의 과학에 관련된 태도와 유의미한 상관관계를 보였다(안계원과 정영란, 1996).

양태연 외(2003)는 과학 관련 태도와 지능 및 과학 탐구 능력과의 관계에 대한 검증 결과 일반 학생들은 과학 관련 태도와 지능, 과학 탐구 능력 간 상관이 모두 유의미하게 나타났으나 과학 영재들의 경우 지능과 과학 탐구 능력에서만 상관이 있고 과학 관련 태도와의 상관에서는 유의미하지 않게 나타났다.

여학생이 남학생보다 과학적 문제 발견을 더 잘 수행했으며, 특히 남학생에 비해 더 정교한 과학적 문제 발견을 한 것으로 나타났다. 개념지식과 외적 동기에서 남녀 간 유의한 차이가 있는 것으로 나타났다(이혜주, 2006).

신동희와 김동영(2003)은 중학생 상위 10% 이내에 들어가는 최상위권 학생들의 평가 유형별 성별 차이에서 객관식 문항과 주관식 문항뿐만 아니라 수행 평가에서도 유의미한 차이가 나타나지 않아 우수아들은 평가 유형에 영향을 받지 않고 있음을 밝혔다.

김건영(2007)은 초등학교 학습 우수아의 학습 기술 분석에서 과학 우수아들은 정보처리기술이 우수하고 성별에 따른 하위 영역별 학습 기술 차이에서 과학우수아의 경우, 자기관리기술에서 여학생보다 높게 나타났으며 통계적으로 유의미하였다.

Ⅲ. 결 론

초등 과학 교육에 있어서의 과학문제(과학 지식, 과학 탐구 능력, 과학 관련 태도)와 과학 우수아에 대한 성별 특성을 살펴본 결과, 과학 지식의 경우 성별 특성에 있어 남학생이 여학생보다 우수하다는 연구가 많았으며 일부 영역에서는 여자가 우수함을 보여 주었다. 과학 탐구 능력에서는 남녀의 차이가 적었다. 과학태도에 있어서는 남학생이 여학생보다 긍정적이었으며 이는 학년이 올라감에 따라 과학 성취도에 영향을 미치고 나아가 직업 선택에 있어서도 중요한 요인이 되고 있음을 지적하였다. 과학 우수아는 문제 해결에 있어 다양한 개념을 사용하고 정보 처리 기술이 우수하였다. 과학 우수아 중 남학생은 자기 자신을 과대평가하고 여학생은 자기 자신을 과소평가하고 있었다.

제3장 |

초등 과학 수업에 대하여

Ⅰ. 서 론
Ⅱ. 본 론
　　1. 교수-학습 과정안의 의미와 필요성
　　2. 교수-학습 과정안에 따른 과학수업의 과정
　　3. 과학 교수 학습 방법과 전략
Ⅲ. 결 론

Ⅰ. 서 론

과학 교육은 과학·철학·심리학·교육학 등의 신조에 따라 다른 의미로 정의된다. 과학 교육은 넓은 의미로 과학에 관한 지식과 태도의 교육 또는 현상을 과학적으로 관찰하여 처리할 능력을 양성하는 교육이다(조희영·최경희, 2005).

2000년부터 적용된 제7차 교육과정은 "학생의 학습 능력과 학습의 요구에 대응하는 교육기회를 다양하게 제공할 수 있으며, 자기 주도적인 개별화 학습 기회를 제공하고, 교육의 수월성을 추구할 수 있다."(교육부, 1997)는 필요에 부응하여 수준별 교육과정을 도입하였다.

과학과 학습에서 다룰 내용은 주로 과학 지식과 과학적 탐구 과정이며, 과학이 기술의 발달과 사회의 발전에 미치는 영향까지도 대상이 된다. 과학과 학습은 탐구 과정을 통하여 주요 사실, 개념 등의 지식을 얻기 때문에 탐구 활동을 중요시해야 한다. 학생들의 지적 발달을 고려하여 추상적인 언어를 통한 학습 지도 보다는 구체적인 사물이나 현상의 관찰, 조작활동 및 경험을 토대로 과학과 학습이 이루어지도록 하며, 일상생활에서 일어나는 문제를 스스로 발견하고 연구하는 태도가 길러지게 해야 한다. 또 학습 지도에서는 단편적인 지식의 전달보다는 기본 개념을 유기적이고 통합적으로 이해하도록 하며, 아울러 개방성, 창의성, 증거 존중 및 협동심을 기르는 데 주안점을 둔다.

창의력 신장을 위한 교수 학습 방법에는 다양한 방법이 있다. 매우 중요한 것은 교사들이 과거와 같은 교과서 관을 가지고 학습에 임했을 때 창의력을 신장시키기 위한 아이디어를 활용하기 힘들다는 것이다. 과학교사가 스스로 만족감을 느낄 수 있는 수업은 사전에 철저히 계획한 과정과 절차를 따를 때 가능하다.

과학수업을 준비하려면 교육과정상에서 제시된 중요한 목표와 탐구활동을 중심에 둔 상태로 각종 교과서를 참고하여 교재를 재구성하여 가르치고, 필요할 때에는 언제든지 신문 자료나 각종 참고 자료를 활용할 수 있어야 한다. 여러 창의적인 수업 아이디어를 적용하기 위해서는 특히 학교현장에서 평범한 실험 중심으로 수업을 하기보다는 관찰경험학습, 발견학습, 일반적인 탐구학습은 물론 순환적 과학 탐구학습 등을 해야 할 것이다. 이러한 점에 기초하여 과학 학습 지도의 여러 방안에 대해 함께 생각해 보고자 한다.

Ⅱ. 본 론

1. 교수학습 과정안의 의미와 필요성

교수학습은 수업과 학습을 총칭하는 포괄적인 의미를 함축하는 용어로서 교수의 의미를 포함하기도 한다. 과학 교육 현장에서는 교수·수업·학습의 용어를 혼용함으로써 교수학습 과정안을 '수업지도안', '수업계획안', '수업안', '교수안', '학습지도안' 등 다양한 이름으로 부른다.

교수학습 과정안은 학생의 학습활동과 교사에 의한 수업과정에 관한 계획으로서 그것을 이용하는 교사에게 완전하고 의미 있는 수업계획을 수립할 수 있는 기회를 제공한다. 교수학습 과정안은 철저하고 완벽하게 설계할 경우, 효과적인 과학교수에 필수적인 수단이 된다. 교수학습 과정안에 대한 비판적 견해로는 빈틈없이 짜인 교수학습 과정안은 교사의 자유로운 교수활동은 물론이고 학생들의 창의적인 학습활동을 저해하는 요인이 된다고 보는 의견이 설득력 있게 제기되고 있다.

가. 교수학습 과정안을 작성할 때 고려해야 할 요소
(서울대학교교육연구소, 1994)

- 교수학습할 내용, 즉 개념·기능·능력 등의 분석
- 학습자의 능력과 흥미의 고려

- 일반 교수-학습 계획의 수립(학습의 목표, 과정, 계열)
- 학습활동 계획의 수립(수업방법과 그 모형의 선택)
- 교수-학습 활동의 수정 및 보완

나. 사전계획을 세울 때 고려해야 할 점

- 수업을 통하여 달성하고자 하는 것이 무엇인가?
- 어떤 방법을 통해서 그 목적을 가장 잘 달성할 수 있는가?
- 무엇이 개념, 과정, 기능을 학습하도록 학생들을 자극할 수 있는가?
- 그 개념, 과정, 기능을 가장 효과적으로 제시할 수 있는 방법이 무엇인가?
- 수업을 효과적으로 시작하고, 진행하고, 끝내기 위해서는 어떻게 해야 하는가?
- 수업의 효과를 어떻게 평가할 것인가?

2. 교수-학습 과정안에 따른 과학수업의 과정

한 시간의 수업을 계획단계, 도입단계, 전개단계, 정리단계, 발전단계, 평가단계의 여섯 단계를 거쳐 전개할 수 있도록 구성하는 것이 일반적인 경향이다.

가. 계획단계

이 단계에서는 엄밀한 의미의 수업활동이 일어나지 않는다. 이 단계에서는 주로 수업에 영향을 미치는 여러 변인들을 사전에 확인하여 통제·조절하기 위한 조처를 취한다.

나. 도입단계

도입단계는 특정 수업의 첫 단계를 일컫기도 한다. 도입단계는 수업의 입문단계로서 교사의 수업기술 중에서도 가장 중요시되는 부분이며, 학생들을 수업에 집중시켜 단시간 내에 과제에 몰입하게 하도록 한다. 전체 수업 시간의 약 10% 정도를 도입단계에 할애하는 것이 합리적이다.

학습동기를 효과적으로 유발시키기 위한 노력이 필요하다.
※ 학습동기를 유발하는 연구의 결과 요약(박완희, 1993)
• 수업 목표를 설명·게시·판서 등의 여러 가지 방법으로 제시하면서, 그 중요성과 가치를 강조한다.
• 학습자의 흥미·요구, 관심 등의 실태를 정확하게 분석하고 이해하여 학습 활동을 가능한 이것들과 관련시킨다.
• 학습자의 생활경험이나 실태를 정확하게 파악하여 학습활동과 연관시킨다.
• 발문이나 발표 등을 통해 전시학습을 본시학습 내용과 관련시켜 재생시킨다.

※ 도입단계에서 유의해야 할 점
• 가능한 한 다양한 방법을 동시에 활용하여 학습동기를 유발시킨다.

• 학습의욕이 왕성할 때는 학습 동기를 유발할 필요가 없으며, 학
습 동기를 유발하기 위해 너무 많은 시간을 소모해서는 안 된다.

다. 전개단계

수업을 진행하는 전체의 과정 중에서 가장 중심적이고 본론적인 단
계이다. 효과적인 설명법, 순서, 기법은 다음과 같다(박완희, 1993).

1) 효과적인 설명방법

가) 평이한 설명: 학습자들 모두가 알아듣기 쉽게 설명한다.

나) 논리적 설명: 설명하는 내용의 전후가 논리적으로 일관성이
있게 설명한다.

다) 적합한 설명: 설명의 내용과 용어가 학습자들의 수준이나 경
험에 알맞다.

라) 구체적 사실의 제시: 보기나 증거를 제시한다.

마) 상호비교에 의한 설명: 특징을 대조·비교한다.

바) 시청각 매체 이용: 직관이나 감각을 이용하는 수업에서는 시
청각 매체를 사용해 설명한다.

사) 질의 응답 시간 허용: 교사의 발문, 학생들의 질문, 토론 등
을 통해 설명에 대한 학생들의 반응을 정확히 파악한다.

2) 설명의 순서

가) 특별한 경우를 제외하고는 두 가지 이상을 동시에 설명하지
않는다.

나) 쉬운 것을 먼저 설명하고, 어려운 것일수록 나중에 설명한다.

다) 구체적인 것을 먼저, 추상적인 것을 나중에 설명한다.

라) 단순한 것을 먼저, 복잡한 것을 나중에 설명한다.

3) 설명의 기법

음성의 높낮이에 융통성과 변화가 있어야 한다.

4) 좋은 판서의 요건

가) 학습의 방향, 목적, 주요 문제 등을 제시한다.

나) 수업내용을 요약·정리해 준다.

다) 중요한 내용을 구조화하거나 추상적인 내용을 구체화한다.

라) 명료하고 정확하게 요약한다.

라. 정리, 발전 단계

학습한 내용을 인격화, 내면화시켜 기존의 지식체계에 통합시키는 것이다. 발전단계에서는 학습 목표에 도달한 정도를 확인하고, 사전에 정해진 기준에 도달한 학생에게는 학습을 심화시켜 주고 그렇지 못한 학생에게는 보충학습을 시켜 수업의 효과를 높이기 위한 활동을 수행한다.

3. 과학 교수 학습 방법과 전략

과학과에서 이루어진 교수·학습 방법에 관한 연구를 살펴보면, 교수·학습 방법에 관한 구체적인 정의를 내리고 있는 경우는 거의 없으며, 교수·학습 방법과 기법의 의미가 혼재되어 있음을 알 수 있다.

조희영과 박승재는 과학 수업 전략을 수업 원리와 동일하게 보았으며 학습자, 과학 교사, 환경 등 수업 과정을 적정화하고 그 효과를 증진시키는 것과 관련되어 있는 다양한 변인들 사이의 관계를 기술하고 설명하는 원칙을 뜻한다고 정의하였다. 한안진 등은 초등학교 과학과 교수법으로 실험, 시범 실험, 견학과 채집, 과학 프로젝트와 전람회, 강의, 토론 등을 들었다. 김찬종 등은 '과학 수업 기법'으로서 강의법, 질문법, 시범 실험, 열린 수업을 소개하였다.

가. 좋은 과학 수업이 되기 위한 안내

좋은 과학 수업이 되기 위해서 교사가 스스로 점검해야 할 요소로는 1) 수업 내용, 즉 과학 내용, 탐구 방법과 과학의 본성에 대한 지식, 2) 교수·학습 방법과 전략, 3) 학습자에 대한 이해, 4) 수업분위기, 5) 평가, 6) 교사의 전문성 개발을 들 수 있다.

나. 효과적인 수업 방법

1) 놀이를 통한 과학 수업

퀴즈, 스피드 게임, 스무고개, 크로스 퍼즐 만들기 등과 같은 놀이와 함께 수업을 진행하게 되면 재미있게 즐기는 가운데 학습 활동이 일어나게 된다.

가) 놀이 중심 학습의 효과
① 교사나 학생 모두에게 흥미를 주어 수업의 관심을 지속시킨다.

② 비교적 편안한 마음으로 참여하므로 창의적인 사고와 자신감을 키울 수 있다.

③ 놀이는 직접 참가하는 실제 경험이므로 놀이를 통해 학습한 내용은 오래 기억에 남는다.

나) 놀이 중심 학습의 문제점 및 유의점

① 참여도가 높아질수록 소란스러우므로 교사의 적절한 통제가 필요하다.

② 게임 후에는 적절한 보상이 따라야 한다.

③ 게임의 목표를 명확하게 제시하여 교과 내용과 연계하여 학습의 맥락 속에서 이해하도록 지도한다.

④ 교과 내용과 관련된 게임을 준비하기 위해서는 교사의 창의성과 노력이 많이 요구된다.

⑤ 학급 환경, 학생 수준, 효과적인 제시 시간 등을 고려하여 게임을 준비하여야 하며 학생 모두가 참여할 수 있도록 교사는 촉진자 역할을 한다.

⑥ 게임 중에는 실수나 오류를 지적하지 말고 교사가 모니터했다가 게임 뒤에 정리하여 강화시킨다.

2) 과학사적 교수법

가) 과학사적 교수법의 장점

역사적 자료를 통한 접근법이 학생들에게 독단적인 함정으로부터 탈출하는 데 도움을 준다는 사실이다. 학생들이 학습 이전에 선행개념을 가지고 있거나 가지지 않거나 간에 역사는 그들에게 사고의 변화 가능성을 제공한다.

나) 과학사 교수·학습의 중요성

과학사에 나타난 개념의 발달이 학생 개개인의 과학적 개념의 발달과 매우 밀접한 유사성을 가지고 있는 것으로 밝혀졌다. 마하 (Mach)는 과학사를 과학 교육에 도입할 것을 주장, 과학 학습 내용을 역사적 발전 순서에 따라 가르치거나, 그것이 생겨난 기원을 가르치는 형태의 학습방법론인 발생론적 접근을 통해 과학의 오류 가능성과 역사성을 가르칠 수 있음을 주장하였다. 영국의 과학 교육 과정은 실제로 과학교과과정의 약 5%를 과학사 및 과학철학에 관련된 내용에 할애하고 있으며 미국의 과학교육개혁 프로젝트 Project 2061은 과학교과과정에서 과학사를 도입할 것을 요구하였다.

다) 과학사를 적용한 프로그램

과학사를 적용한 프로그램으로는 영국의 SATIS가 있고, 덴마크에서는 물리교과과정의 일부를 역사적 맥락에 따라 구성하였으며, 독일에서는 박물관에서 과학사적으로 유명한 실험들을 재현하였다.

라) 과학 교수·학습에서 과학사 적용에 따른 효과

- 과학의 사례사를 통해서 과학적 발달은 무한한 잠재성을 가졌으며, 변화 가능한 과정이라는 과학의 과정적 특성과 본질을 학생들이 습득할 수 있다.
- 학생들의 흥미와 관심을 자연스럽게 유발하므로 학습지속효과에 효과적이다.
- 과학이 사회와의 상호작용을 통해서 발달해 왔다는 사회적 연관성을 학생들이 이해할 수 있다.
- 맥클레인이 과학적 탐구 과정의 역사를 과학 교수·학습에

도입할 때 효과

- 논리를 생각할 기회를 갖는다.

- 깊이 있게 주제를 다룬다.

- 고정관념을 줄이고 과학의 메커니즘과 과정을 이해한다.

- 과학사를 통해서 자신의 인지구조에 내재해 있는 오개념을 추적하여 오개념의 교정에 시사하는 바가 크다.

마) 과학사를 과학수업에 도입하기 위해 선결해야 할 과제

• 과학사를 통한 과학적 탐구과정의 본질을 경험하게 하기 위한 과학 교수·학습 전략의 개발이 선행 → 과학자의 생애, 업적, 가치를 나열하거나 재연한 프로그램들이 대부분, 과학적 탐구방법의 경험이다.

• 과학사를 통한 과학 교수·학습 자료들을 개발해 왔었지만, 개발된 프로그램이 교실현장에 적용되었을 때 보여 준 효과에 대한 체계적인 평가는 아직 미흡한 실정이다.

바) 과학사적 교수의 한계와 과제

과학사는 과학의 내용이나 과학에 관한 내용을 가르치는 도구로서의 가치가 있으며 과학사를 과학수업에 사용하는 데 직면하는 어려움 중의 하나는 교재가 부족하다는 것이다. 초등학교부터 대학에 이르기까지 역사적 교수를 위한 교과과정 등 체계적인 과학사적 교수를 위한 조건들의 연구가 이루어져야 한다.

Ⅲ. 결 론

다양한 과학 교수학습 방법의 적용은 학생들의 과학에 대한 소양을 크게 향상시킨다. 과학과에서 창의력이나 문제 해결력과 같은 고등 정신 기능을 신장시키기 위해서 다양한 교수 방법을 적용하면서 여기에 적절한 수행 평가를 실시하는 것이 필요하다.

대부분의 과학수업은 다음과 같은 문제를 안고 있다. 첫째, 초등학교에서 실시되는 과학 실험 수업의 대부분이 모둠별 활동 위주로 이루어지고 있는데, 교사와 학생 또는 학생과 학생 사이의 원활한 상호작용이 일어나고 있지 않는다는 점이다. 둘째, 수업 시간 부족으로 인하여 실험 결과를 얻기에 급급하며, 실험 결과에 대한 토의가 충분히 이루어지지 못하고 있다. 셋째, 실험 기구를 올바르게 사용하는 방법과 유의할 점, 그 실험 기구를 사용하는 이유에 대한 안내가 충분히 이루어지지 않아서 안전사고의 위험이 뒤따르게 된다.

이를 해결하기 위해 학습 내용의 특성에 따라 모둠을 구성하는 방법, 효과적으로 모둠별 지도를 하는 방법 등에 대한 안내가 이루어져야 하며 교과서에 제시된 여러 활동들을 수업 시간에 모두 수행하려고 하기보다는 몇몇 활동만을 선별하고 나머지 활동에 대해서는 간단하게 안내를 하거나 모둠별로 실험을 달리하여 결과를 공유하고 함께 토론하는 시간을 갖는 방안 등을 고려해 볼 필요가 있다.

초등 과학 교육의 질적 성장은 단위 학교, 단위 교실에서 교사, 학생이 만족할 만한 수업이 이루어 질때 가능하리라 본다. 그리기 위해서는 과학에 대한 교사의 의지와 과학 교육에 대한 과감한 투자 확대가 뒤따라야 할 것이다.

제 4 장 |

초등 과학에서의 **탐구 학습**에 대하여

Ⅰ. 서 론
Ⅱ. 본 론
　　1. 탐구 학습의 개념
　　2. 탐구 방법과 탐구 능력의 신장
　　3. 탐구 학습 수업 모형
Ⅲ. 결 론

Ⅰ. 서 론

과학적 탐구는 자연에 대한 진리를 추구하는 활동으로서 과학 지식을 얻고 검증하기 위한 절차, 과정, 방법, 전략 등으로 구성된 과학적 연구와 구분된다. 초등 과학에서는 탐구 학습에 대해 많은 관심을 갖고 실시하고 있다. 현행 초등 과학에서의 탐구 학습의 의미와 탐구 학습의 방법에 대해 살펴보고 이를 적용하기 위한 방법들을 살펴보고자 한다.

Ⅱ. 본 론

1. 탐구 학습의 개념

자연과 학습은 '탐구로서의 과학'이라는 교과의 특성에 맞게 아동 스스로가 문제를 발견하고 실험·관찰을 통해서 과학적 사실을 수집하고 해석하는 탐구과정과 더불어 과학에 대한 흥미와 관심을 제고하는 태도 육성에 주력하여야 한다.

탐구의 과정이 학습에서 중요시된 것을 살펴보면 20세기 교육사조를 지배한 John Dewey에 의해서다. 그는 "교육이란 지적 측면에서 반성적 사고(reflective thinking)와 태도를 개발하는 것이며 탐구란 어떤 개념 혹은 상정되어 있는 어떤 지식의 형태들이 신념 혹은 지식 태도를 뒷받침하고 있는 여러 가지 근거에 기초하여 적극적이며 끈기 있고 세심하게 고찰하는 것 또는 이 신념 혹은 지식 형태가 지향하는 여러 결론에 대하여 고찰하는 것"이라 정의하고 있다. 그리고 Massials는 교육에서의 탐구란 "발견의 과정을 분명히 표현하는 과정 및 인간과 그의 환경에 대한 비판과 중요한 Idea를 검사해 가는 과정"이라고 정의하고 있다.

초등학교 학생들은 지적 발달 수준이 현저한 차이가 있기 때문에 저학년은 조작적인 직접경험을 통하여 환경의 접촉을 시도하는 경험학습을 주로 하며, 중학년은 탐구과정을 익힘과 동시에 개념습득을 위주로 하는 발견학습을 하게 된다. 고학년은 탐구 능력 신장을 목표로 하는 탐구학습을 하게 된다.

과학에 있어서의 탐구 과정, 즉 과학적 방법은 "문제의 발견에서 시작하여 문제의 중심과제를 파악하고 문제 해결에 필요한 정보 자료를 수집하고 정보의 정리, 분류, 정보의 해결에 의한 가설의 설정, 가설의 검증, 실험에서 결론의 발견으로 나간다."고 말하고 있다.

이러한 탐구 과정은 단순하지 않지만 대체로 몇 가지 특징적인 과정과 요소들로 나누어 볼 수 있다. 즉 관찰, 측정, 분류, 기록, 예상, 추리, 조건 통제, 데이터 해석, 가설의 설정, 모델의 형성, 조작적 정의, 실험 등이 그것이다. 결국 과학적 탐구 과정이란 이러한 과정 요소들이 합쳐져서 여러 가지 모양으로 반복하여 이루어진다고 생각된다. 따라서 이러한 과정의 하나하나를 학습함으로써 그 묶음을 달리함에 따라 여러 가지 문제를 추구할 수가 있다.

2. 탐구 방법과 탐구 능력의 신장

과학적 사고는 일반적으로 비판적 사고, 논리적 사고, 합리적 사고와 유사한 의미로 사용되는데, 이는 어떤 문제를 발견하고 해결하는 방법이 논리적이고 객관적이며 합리적이라는 공통적 특징을 지니고 있기 때문이다. 이와 같은 과학적 사고력은 어떤 문제에 부딪혔을 때 그 문제를 명확하게 인식하고, 이를 해결하기 위한 방법을 탐색하여 가설을 세우고 실험을 설계하여 가설을 검증하는 이른바 문제 해결 능력을 향상시킴으로써 신장될 수 있다.

일반적으로 학교 교육에서 과학적 탐구 능력을 말할 때 탐구 과정과 탐구 기능을 따로 구별하지 않고 쓰는 경우를 흔히 볼 수 있다. 탐구 과정은 어떤 문제를 해결할 때 필요한 관찰, 분류, 측정, 예상, 추리, 실험, 자료 해석 등의 과학적 활동으로서 과학적 탐구 방법의 핵심을 이루고 있다. 한편 탐구 기능은 탐구 과정을 수행할 때 필요한 시약의 사용, 동물의 사육, 식물의 재배, 실험 기구를 제작하고 다루는 기술 등이 포함된 과학의 수공적 조작 기능을 의미한다.

탐구 과정으로는 우리에게 비교적 잘 알려진 SAPA(AAAS, 1990) 프로그램이 있는데 SAPA에서는 비교적 단순한 기본 탐구 과정 8가지와 통합적 탐구 과정 5가지를 합해 모두 13개의 탐구 과정이 제시되어 있다. 제7차 과학과 교육과정에서는 탐구 과정을 관찰, 분류, 측정, 예상, 추리, 문제 인식, 가설 설정, 변인 통제, 자료 변환, 자료 해석, 일반화 등으로 제6차 교육과정보다 그 수를 늘렸다.

자연과 탐구 학습은 반드시 논리적인 탐구 과정을 거쳐 결론을 도출하게 되는데 탐구 과정 속에서 개인의 능력 차에 의한 사고 과정을 올바르게 인식하지 못하게 되면 결론에 이르는 정도는 개인에 따라 다를 수 있으므로 탐구 활동 과정에서 개별화 처방 지도를 할 수 있어야 한다. 해결 방법 구상 과정에서 교사는 문제를 해결하기 위한 좋은 방법에 대하여 질문하여 학생 스스로가 실험 계획을 구상하도록 한다. 교사와 학생이 조심성 있게 실험 계획을 수립하는 것은 문제 해결의 열쇠가 되며 이것이 곧 학습의 개별화인 것이다. 실험 결과의 경우 가장 개별화가 활발하게 이루어지는 것이다. 실험의 개별화는 학생 한 사람 한 사람의 흥미, 관심, 능력 또는 인식의 방법, 속도의 차이를 인정하고 개성이 다른 학습자에게 가장 적합한 내용으로 자기 자신의 방법과 보조에 의하여 실험을 시키자는 것이며 동시에 전 학생이 실험자가 되게 하는 것이다.

결과 해석 과정에서는 실험이 끝나면 자신의 경험을 토대로 각자가 얻은 결과를 발표하게 하고 전체적으로 얻은 결과를 종합해서 학생 스스로가 조심성 있게 결론을 내리게 하는 것이 바람직하다.

적용, 발전 과정에서는 실험 학습 활동에서 발견된 사실에 대한 적용 문제가 학생과 학생 간에 논의되어야 한다. 따라서 교사는 의욕적인 탐구가 되도록 학생 개개인에게 새로운 의문을 추구하고 계속적인 탐구 기회를 제공해 주어야 한다.

3. 탐구 학습 수업 모형

누구나 효율적인 학습 모형이 무엇인지 알고 싶어 하지만 누구나 언제나 통용되는 절대적인 학습 모형은 실제로 존재하지 않는다. 탐구 학습도 마찬가지로 정해진 절대적인 모형이 있는 것은 아니다. 탐구 학습도 여러 가지 형태로 제시될 수 있지만, 본 연구에서는 순환 학습 모형, 발견 학습 모형, 가설 검증 학습 모형, STS 학습 모형을 기본 학습 모형으로 삼고자 한다.

가. 순환 학습 모형

순환 학습 모형은 카플스가 피아제의 인지 발달 이론을 토대로 개발하여 SCIS(Science Curriculum Improvement Study) 프로그램에서 도입한 학습 모형이다.[1] 이 모형에서는 순환적인 학습의 세 단계, 즉 탐색, 용어 도입, 개념 적용으로 이루어진 학습 주기(learning cycle)를 이용한다. 순환 학습의 각 단계를 설명하면 다음 <표 1>과 같다.

〈표 1〉 순환 학습 모형

단계	활동 내용
탐색 단계	• 새로운 상황에서 학생 자신의 작용과 반응을 통하여 학습한다. • 학생은 최소한의 안내를 통하여 새로운 자료와 생각을 탐색한다. • 새로운 경험은 익숙한 사고방식으로 해결할 수 없는 문제나 인지적 갈등을 제기하고 그것에서 규칙성을 확인할 수 있어야 한다. • 교사는 학생의 초기 이해와 사전 개념을 열린 탐색 활동을 통해 진단한다. • 교사는 학생의 기존 지식과 새로운 지식을 암시를 통해 연결할 수 있도록 도와준다. • 개인 또는 소집단별 활동을 통해 다양한 관점과 질문을 경험한다.

---

1) 교육인적자원부, 과학 초등학교 교사용 지도서, 2000, p.28.

용어 도입
단계
	• 탐색 단계에서 발견한 규칙성을 언급하는 새로운 용어를 도입하는 것으로
	  시작한다.
	• 용어는 교사, 교과서, 시청각 매체 등에 의해서 도입될 수 있다.
	• 탐색활동에서 발견한 규칙성과 직접 관련지어야 한다.
	• 용어 도입에 앞서 가능한 한 많은 새로운 규칙성을 확인하도록 학생을 격려
	  한다. 그러나 과학의 모든 복잡한 규칙성을 학생 스스로 발견할 것을 기대
	  하는 것은 어리석은 일이다.

개념 적용
단계
	• 새로운 개념의 적용 범위를 확장시키는 활동을 제공한다. 다양하게 적용해
	  보지 않으면, 처음에 정의되고 논의된 시점에서 사용된 사례 개념의 의미가
	  국한될지 모르기 때문이다.
	• 습득한 개념을 새로운 상황과 문제에 적용시켜 일반화할 수 있는 기회를 제
	  공한다. 많은 학생은 구체적인 사례로부터 그것을 추상화하거나 다른 상황
	  에 그것을 일반화하기가 어렵다.
	• 개념 적용 활동은 개념의 재조직이 평균보다 좀 더 천천히 일어나는 학생이
	  나 교사의 원래 설명을 자신의 경험에 적절하게 관련짓지 못한 학생들에게
	  도움을 줄 수 있다.

나. 발견 학습 모형

발견 학습 모형은 자연의 사물과 현상을 관찰하고, 그 결과를 일
반화하는 귀납적인 과학 활동을 토대로 개발된 모형이다.2) 이범홍과
김영민은 발견 학습 모형을 5단계로 구분하였으며 그 내용은 <표 2>
와 같다.

〈표 2〉 발견 학습 모형

단계	활동 내용
탐색 및 문제 파악	• 학습 자료 탐색 및 문제를 파악하는 단계이다. • 교사는 주어진 학습 자료를 통하여 학생들이 파악하도록 한다.

자료 제시 및
관찰·탐색
	• 자유로운 탐색 활동을 하게 하는 단계이다. 현실 세계의 일부인 자료를 제
	  시함으로써 과학 활동을 실세계와 관련짓고 관찰을 통하여 탐구 기능을 발
	  달시키는 기회를 제공한다.
	• 가능한 한 다양하고 많은 관찰을 하도록 격려해야 한다. 그러나 관찰이 이
	  론 의존적이기 때문에 학생의 지적 배경에 따라 상당히 제한적일 수 있다
	  는 것을 고려한다.

---

2) 교육인적자원부, 과학 초등학교 교사용 지도서, 2000, p.30.

추가 자료 제시 및 관찰·탐색	• 귀납적인 추론을 자극하는 단계로 학생이 자료에 드러나 있는 규칙성을 연결한다. • 습득한 개념을 새로운 상황과 문제에 적용시켜 일반화할 수 있는 기회를 제공한다. 많은 학생은 구체적인 사례로부터 그것을 추상화하거나 다른 상황에 그것을 일반화하기가 어렵다. • 개념 적용 활동은 개념의 재조직이 평균보다 좀 더 천천히 일어나는 학생이나 교사의 원래 설명을 자신의 경험에 적절하게 관련짓지 못한 학생들에게 도움을 줄 수 있다.
규칙성 발견 및 개념 정리	• 관찰된 규칙성으로부터 일반화를 하게 하는 단계로 관찰 결과를 발표하게 하거나 일반화를 유도하도록 질문을 던진다. • 관찰에서 얻은 자료를 수집해서 그들 사이의 관계나 이유를 설명하게 한다. • 학생이 일반화를 통해 개념을 찾아낸 다음에 교사는 학생이 추상적인 개념을 말로 나타내도록 도와서 수업을 정리한다. • 필요하면 다른 예나 정의를 통하여 개념을 명확하게 설명하거나 보충 자료를 추가한다.
추가 자료 제시 및 관찰·탐색	• 학생이 학습한 추상적인 개념을 확장시키거나 응용하는 단계이다. • 교사는 가르친 정보를 학생이 얼마나 잘 이해했는지 알아볼 기회를 가진다. • 학생은 교실에서 얻은 지식을 실생활에 관련짓는 기회를 얻는다.

다. 가설 검증 학습 모형

초등학교 저학년보다는 고학년에서 적용할 수 있으나 비교적 많은 시간과 토의가 필요한 상위 수준의 모형이다.[3] 가설 검증 학습 모형은 과학 개념과 탐구 기능을 종합적으로 적용하는 모형이다. 가설 검증 모형은 대체로 탐색 및 문제 파악, 가설 설정, 실험 설계, 실험, 가설 검증, 적용 및 새로운 문제 발견의 단계를 거친다. 그 내용은 <표 3>과 같다.

---

3) 교육인적자원부, 과학 초등학교 교사용 지도서, 2000, p.31.

〈표 3〉 가설 검증 학습 모형

단계	활동 내용
탐색 및 문제 파악	• 자유로운 탐색을 통해 문제를 파악하는 단계이다. • 문제를 발견하기 어려운 경우에는 시범활동을 통해 문제를 제기할 수 있다.
가설 설정	• 토의를 통해 문제에 대한 잠정적인 해답을 만드는 단계를 검증 가능한 진술로 제시하도록 한다. • 엄밀한 의미에서 가설은 현상에 대한 인과론적 또는 모형적 설명을 의미하나 초등학교 수준에서는 현상에 대한 서술적인 진술도 포함될 수 있다. • 교사는 학생들의 가설과 관련된 배경 가정들을 명확하게 인식한다.
실험 설계	• 가설을 검증하기 위하여 변인을 확인하고 통제하는 방법과 실험에 사용될 기구를 정하고 계획을 세우는 단계이다. • 교사는 학생이 공정한 검증을 할 수 있도록 유도한다.
실험	• 변인을 통제하여 실제로 실험하고 관찰, 분류, 측정 등을 통하여 실험 자료를 수집하는 단계이다.
가설 검증	• 실험에서 얻은 자료를 표나 그래프로 정리하고 해석하여 가설을 수용하거나 수정 또는 기각하는 단계이다. • 제시한 증거가 타당하고 신뢰로운지를 평가한다. • 증거에 문제가 발견되면 관련된 앞의 단계로 되돌아간다.
적용 및 새로운 문제 발견	• 앞에서 얻은 지식을 바탕으로 새로운 상황을 예상하거나 실제 상황에 적용하고 응용하는 단계이다. • 이 과정에서 새로운 문제를 발견하게 되면 다시 앞의 단계로 돌아간다.

라. STS 수업 모형

STS(Science, Technology, Society) 교육은 지나치게 학문적, 전문적 지식(개념) 위주로 이루어지는 것을 지양하고, 학습 내용을 실생활 또는 사회와 관련이 깊은 주제를 중심으로 다루어 올바른 가치관과 문제 해결력을 기르는 데 중점을 두어야 한다는 인식으로부터 비롯되었다.

STS교육은 과학이 기술의 발달과 사회의 발전에 어떻게 영향을 미치는지를 바르게 인식시키고, 과학·기술적 소양인을 기르는 데 목적을 둔다. 초등학교 과학에서는 과학과 관련 있는 사회문제에 대해

과학 - 기술 - 사회의 관계를 이해하고, 생활 속의 과학을 깨닫게 하는 데 중점을 두어야 한다.4)

STS 수업 모형에서 수업은 문제로의 초대, 탐색, 설명 및 해결방안 제시, 실행의 4단계를 거쳐 이루어진다. 각 활동 내용은 <표 4>와 같다.

〈표 4〉 STS 학습 모형

단계	활동 내용
문제로의 초대	• STS 과제가 포함된 여러 가지 자료를 주어 학생들의 흥미와 호기심을 유발하고, STS 학습 분위기를 조성한다. • 학생들은 관심 있는 주제에 대해 신문, 잡지, 비디오 자료, 인터넷, 과학도서 등을 통하여 학습 문제를 확인한다. • 교사는 STS 주제에 대하여 학생들이 관심과 흥미를 가지도록 자극을 준다.
탐색 단계	• 적절한 자료 출처를 선정하여 여러 가지 자료와 정보를 수집하고 정리하여 가능한 대안을 탐색하게 한다. • 문제해결을 위한 실험계획을 세우고, 조사방법과 범위, 내용을 설정하고 모델을 설계한다. • 자료를 분석하고 조사내용기준을 작성하게 한다.
설명 및 해결방안제시	• 모델을 구축하여 설명하고 학습주제의 해결 방안을 검토하며 그 장단점에 대해 분석한다. • 문제 해결 방안에 대해서 다른 사람의 의견을 반영하여 여러 가지 방안을 종합적으로 결합하고 기존의 지식과 경험에 비추어 해결방안을 제시하고 결정을 내린다.
실행	• 정보와 아이디어를 교환하고, 모델과 아이디어를 사용하여 토론을 유도하며 아이디어를 향상시키는 단계이다. • 문제 해결을 위한 결정을 내린 다음, 그 방안이 실현될 수 있도록 바람직한 행동을 실행에 옮긴다. • 과학과 기술에 관한 바른 인식과 함께 과학·기술 관련 직업에 대해 긍정적 태도를 가지도록 독려한다.

---

4) 권치순 외, 제7차 초등학교 과학과 수준별 교육과정의 효율적 운영을 위한 과학과 수업모형 개발연구, 2001, p.13.

Ⅲ. 결 론

초등학교에서의 과학수업은 실험, 토의, 강의 등 다양한 방법으로 이루어진다. 학생들은 과학수업을 다른 수업과의 가장 큰 차이를 실험하는 것으로 생각하고 있다. 과학 탐구 학습 모형을 차시에 가장 맞는 것을 적용하여 학생들의 탐구 능력을 신장시키는 데 노력을 경주해야 할 것이다. 이는 교과서와 지도서 등 교육 자료의 끊임없는 개발 노력과 교사의 부단한 자기 연찬 속에서 이루어지리라 기대해 본다.

제 5 장 │

초등 과학 평가의 이해와 실제

Ⅰ. 서 론
Ⅱ. 본 론
    1. 수행평가
    2. 교육과정에서의 평가의 방향 (과학과)
    3. 초등 과학 평가 내용
Ⅲ. 결 론

Ⅰ. 서 론

교육은 시대를 반영한다. 교육 모형은 시대의 산물이다. 평가의 방향은 교육의 많은 부분을 좌지우지할 만큼 중요하다. 교육의 평가는 다양하게 이루어지고 있다. 평가 대상(학생평가, 교사평가, 교육과정 평가, 학교 평가, 정책평가)도 다양하다. 일반적으로 우리 교사들이 가장 관심 있게 하는 평가활동은 학생 평가일 것이다.

학생을 평가하는 영역은 인지적 영역, 정의적 영역, 심동적 영역 등이 있다. 이러한 영역의 평가를 하기 위해 다양한 평가 방법이 사용되고 있다. 학력의 저하를 방지하기 위해 요즈음 성취도 평가가 서울 전역에서 실시되고 있다. 문항 개발이 학교마다 이루어지고 있다. 그러나 단기간에 평가 문항이 개발되고 있고 평가를 한 후 평가의 피드백이 잘 이루어지지 않고 있는 실정이다. 평가 문항 유형도 객관식 평가에서 서술형 평가로 좀 더 심층적인 평가를 실시하고자 하고 있다.

이번 시간에는 평가의 전반적인 이해와 현장에서 이루어지는 평가의 실제(과학과를 중심으로)에 대해 이야기하고자 한다.

Ⅱ. 본 론

1. 수행평가

수행 평가(performance assessment)는 교사가 학생이 학습 과제를 수행하는 과정이나 그 결과를 보고 그 학생의 지식이나 태도 등에 대해 전문적으로 판단하는 평가 방식을 말한다.

가. 수행 평가가 필요한 이유

1) 지식, 정보화 시대를 맞이하여 사고의 다양성과 창의성을 신장시키기 위해 필요하다.
2) 여러 측면의 지식이나 능력을 지속적으로 평가함과 아울러 교수－학습 활동을 개선하기 위해 필요하다.
3) 학생이 인지적으로 아는 것뿐만 아니라 아는 것을 실제로 적용할 수 있는지 여부를 파악하기 위해서 필요하다.
4) 학습자 개인에게 의미 있는 학습 활동이 이루어지도록 하기 위해서 필요하다.
5) 교수－학습 목표나 내용과 평가 목표나 내용을 좀 더 직접적으로 관련시키기 위해서 필요하다.

6) 획일적인 표준화 검사를 적용하기 어려운 상황, 예를 들어 다양한 지역과 다양한 문화가 공존하는 사회 속에서 다양성 그 자체를 인정하면서도 동시에 타당한 평가를 하기 위해서 수행 평가가 필요하다.

나. 수행 평가의 일반적 특징

1) 수행 평가는 학생의 지식이나 기능이나 태도 등을 평가할 때 교사의 전문적 판단에 의거하여 평가하는 방식이다.
2) 수행 평가는 학생이 정답을 선택하게 하는 것이 아니라, 자기 스스로 답을 작성(서술 또는 구성)하거나 행동으로 나타내도록 하는 평가 방법이다.
3) 수행 평가는 교수-학습의 결과뿐만 아니라 교수-학습의 과정도 함께 중시하는 평가 방법이다.
4) 수행 평가는 학생의 학습 과정을 진단하고 개별 학습을 촉진하려는 노력을 중시하는 평가 방법이다.
5) 수행 평가는 개개인을 단위로 해서 평가하기도 하지만 집단에 대한 평가도 중시하는 평가 방법이다.
6) 수행 평가는 단편적 영역에 대해 일회적으로 평가하기보다는 학생 개개인의 변화, 발달 과정을 종합적으로 평가하기 위해 전체적이면서도 지속적으로 평가하는 것을 강조한다.

다. 수행 평가와 관련하여 사용되는 유사 용어들

1) 대안적(alternative) 평가
- 한 시대의 주류를 이루는 평가 체제와 성질을 달리하는 평가 체제
- 선택형 문항을 사용하는 표준화된 검사의 대안적 평가(선택형이 아닌 서술형이나 논술형 문항 강조)
- 대학수학능력 시험과 같은 1회성 시험에 대한 대안적 평가(표준화된 1회성 검사보다 지속적이면서도 종합적인 내신 성적 강조)
- 결과 중심의 평가에 대한 대안적 평가(결과뿐 아니라 과정도 중시)
- 수행평가는 대안적 평가의 한 사례임

2) 실제 상황에서(authentic)의 평가
- 평가 상황이나 내용이 가능한 실제 상황이나 내용과 유사해야 함을 강조
- 도덕 성적이 높은 것과 도덕성이 높은 것은 별개라는 입장과 유사
- 교사의 교수 능력을 평가하기 위해 직접 가르쳐 보도록 하는 것과 유사
- 수행 평가 방식 중의 한 특수한 사례라고도 할 수 있음

3) 직접(direct)평가
- 간접적인 평가 방법보다는 직접적인 평가 방법을 중시
- 정답을 선택할 수 있는 것보다 정답을 서술하거나 구성할 수 있는 것을 중시
- 도덕성을 지필식이나 구두시험보다는 학생의 행동을 직접 보고 평가하는 것

- 수행 평가는 가능한 직접 평가의 성격을 풍부하게 포함하려고 함.

4) 실기(performance-based) 평가
- 지필식 시험보다 실기 시험 중시
- 단순히 아는 것보다 실제로 할 줄 아는 것이 중요함을 강조
- 실기 평가는 수행 평가의 한 유형임

5) 포트폴리오
- 시험이 아니라 학생이 쓰거나 만든 작품집이나 서류철 등을 이용한 평가
- 결과가 나오게 된 과정 및 변화에 대한 평가를 중시함
- 성취도 자체도 중요하지만 학생의 노력이나 향상도 중요
- 수행 평가의 대표적 유형임

6) 과정(중심) 평가
- 학습의 결과가 아니라 학습의 과정을 평가의 주요 대상으로 설정하는 평가
- 과정평가는 수행 평가가 강조하는 중요한 측면 중 하나임
  1990년대부터 이러한 유사 개념들의 주요 특성들을 포괄적으로 지칭하기 위해 '수행평가'라는 용어를 사용하고 있다.

라. 선택형 평가 체제와 수행 평가의 특성 비교

구분	선택형 평가	수행 평가
진리관	• 절대주의적 진리관	• 상대주의적 진리관
지식관	• 객관적 사실이나 법칙 • 개인과 독립적으로 존재	• 상황이나 맥락에 따라 변함 • 개개인에 의해 창조되고 구성되고 재조직됨
철학적 근거	• 합리론, 경험론, 행동주의 등	• 구성주의, 현상학, 해석학, 인류학, 생태학 등
시대적 상황	• 산업화 시대, 소품종 대량 생산	• 정보화시대, 다품종 소량 생산
학습관	• 직선적, 위계적, 연속적 과정 • 추상적, 객관적 상황 중시 • 학습자의 기억, 재생산 중시	• 인지 구조의 계속적 변화 • 구체적, 주관적 상황 중시 • 학습자의 이해, 성장 중시
평가체제	• 상대 평가, 양적 평가, 선발형 평가	• 절대 평가, 질적 평가, 충고형 평가
평가 목적	• 선발, 분류, 배치, 한 줄 세우기	• 지도, 조언, 개선, 여러 줄 세우기
평가시기	• 선언적(결과적 내용적) 지식 • 학습의 결과 중시 • 학문적 지능의 구성 요소	• 절차적(과정적, 방법적) 지식 • 학습의 결과 및 과정도 중시 • 실천적 지능의 구성 요소
교사의 역할	• 지식의 전달자	• 학습의 안내자, 촉진자
학생의 역할	• 수동적 학습자, 지식의 재생산자	• 능동적 학습자, 지식의 창조자
교과서의 역할	• 교수, 학습, 평가의 핵심 내용	• 교수, 학습, 평가의 보조 자료
교수-학습 활동	• 교사 중심, 인지적 영역 중심 • 암기 위주, 기본 학습 능력 강조	• 학생 중심, 지-정-체 모두 강조 • 탐구 위주, 창의성 등 고등 사고 기능 강조

2. 교육과정에서의 평가의 방향

제7차 교육과정에서는 다른 교육과정 시대와는 달리 교육과정의 평가와 질 관리를 위하여 국가 수준에서 교육과정의 정신을 구현하기 위한 평가 활동이 원활하게 이루어질 수 있도록 다양한 방안을 강구하여 학교 현장에 제공해 주어야 한다고 명시하고 있다(한복수, 1999).

과학 교과는 제7차 교육과정에서 심화 보충 학습을 하도록 되어 있으며, 과학과 교육과정 5항의 평가에 다음과 같이 제시하고 있다.

1) 과학에서는 과학의 기본 개념의 이해, 과학의 탐구 능력 및 과학적인 태도를 균형 있게 평가하며, 특히 다음 사항에 주안점을 둔다.

   가) 기본 개념의 유기적이고 통합적인 이해도를 평가한다.

   나) 탐구 활동 수행 능력과 실생활 문제 해결에 적용하는 능력을 평가한다.

   다) 학습 과정에서 계속 탐구하려는 의욕, 상호 협동, 증거를 존중하는 태도 등을 평가한다.

2) 평가는 지필 검사, 관찰, 보고서 검토, 실기 검사, 면담, 의견 조사 등의 다양한 방법을 활용한다.

3) 타당성과 신뢰성이 높은 평가를 하기 위하여 가급적 공동으로 평가 도구를 개발하여 활용한다.

4) 평가는 설정된 기준에 근거하여 실시하고, 그 결과를 학습 지도의 수립과 지도 방법 개선에 활용한다.

5) 기본 과정을 중심으로 평가하고, 심화 보충은 평가하지 않는다.

과학과에서 창의력이나 문제 해결력과 같은 고등 정신 기능을 신장시키기 위해서 다양한 교수방법을 적용하면서 여기에 적절한 수행 평가를 실시하는 것이 필요하다. 수행 평가는 학생 스스로 정답을 작성하도록 하거나 행동으로 나타내도록 하는 평가이며, 수행 평가는 추구하고자 하는 교육 목표를 가능한 한 실제 상황에서 달성하였는지 여부를 파악하고자 한다(한복수, 1999).

수행평가는 학생의 개성을 강조하면서도, 전인적인 변화, 발달에 대한 평가가 용이한 장점이 있는 평가방법이나 시간이 많이 소요되는 단점을 가지고 있다. 과학과의 수행 평가 방법으로는 서술형 평가, 관찰 평가, 실험 평가, 보고서 평가, 포트폴리오 평가, 과학적 태도 평가 등이 있다.

3. 초등 과학 평가 내용

교육에는 세 가지 측면이 있다. 이것은 무엇을 가르칠 것인가(교육과정), 어떻게 가르칠 것인가(교육방법), 그리고 그 결과를 어떻게 평가할 것인가인데 과학 교육에 있어서 대부분의 관심은 무엇을 가르칠 것인가, 어떻게 가르칠 것인가의 두 가지 면에 있었고 평가의 측면은 크게 관심이 없었다. 모든 평가의 기초가 되는 한 가지 원리는 교사들이 학생들에게 배웠다고 생각되는 것을 평가해야만 한다는 것이다. 과학 교육의 목적과 평가가 일치되어야 한다. 학생들이 배우고 있는 프로그램의 영역에서 그들이 진정으로 무엇을 알고 있는가를 평가하여야 한다. 미국 과학 교사 협회는 과학 교육자들이 과학 교육의 목적을 반영하는 평가와 평가 기구를 개발하고 사용하기를 촉구한다.

가. 초등 과학 교육에서 평가되어야 할 것

초등 과학의 첫 번째 목표는 아동들의 탐구 기능이 능숙해지는 것이다. 탐구 기능의 평가는 학생들이 얼마나 그것을 잘 완수할 수 있는지 조사하는 것을 포함한다.

나. 탐구 과정의 평가

탐구 기능의 숙달을 알아보기 위한 척도(David Jerner Martin, 1999).

1) 관찰

대상을 식별한다. 하나 이상의 감각(기관)을 이용한다. 적절한 모든 감각을 이용한다. 특성들을 정확히 묘사한다. 정성적인 관찰을 한다 (성질을 관찰한다.). 정량적인 관찰을 한다(양에 관한 관찰을 한다.). 대상들의 변화를 묘사한다.

2) 분류

대상들을 분류할 수 있는 주요한 특성들을 식별한다. 한 표본 안에서 모든 대상들과의 유사한 특성들을 식별한다. 정확하게 두 그룹으로 분류한다. 정확하게 여러 그룹으로 분류한다. 하위 그룹들을 구성한다. 자신의 분류 기준을 세운다. 분류를 위한 논리적인 근거를 제시한다. 복잡한 분류 체계를 만든다.

3) 의사소통

대상들을 정확히 묘사한다. 알려지지 않은 대상을 다른 사람들이 식별할 수 있도록 묘사한다. 말과 글로 정확히 타인들에게 정보를 전달한다. 생각을 말로 표현한다.

4) 측정

적절한 측정의 형태를 선택한다(길이, 부피, 무게 등). 적절한 측정의 단위를 선택한다. 측정 기구를 적절히 사용한다. 측정 기술을 적절히 사용한다. 표준 단위와 비표준 단위를 사용한다.

5) 예상

유형을 구성한다. 유형을 확장한다. 간단한 예상을 한다. 상황에 적절한 예상을 하여 탐구 과정에 적용한다. 예상에 대한 이유를 논리적으로 옳게 말로써 나타낸다. 예상의 정확성을 알아보기 위해 검증을 제의한다. 내삽에 의해 예상한다. 외삽에 의해 예상한다.

6) 추론

대상들과 관찰된 사실들 사이의 관계에 대해 말한다. 추론하기 위한 모든 적절한 정보를 사용한다. 존재하지 않는 정보를 사용하지 않는다. 비핵심적인 정보들을 적절히 분리한다. 추론에 대한 논리적으로 옳은 이유를 말로써 나타낸다. 상황에 적절한 추론 과정을 적용한다. 그래프, 표 그리고 다른 실험 자료들을 해석한다.

7) 변인 찾기와 통제

실험의 결과에 영향을 미칠 요소와 영향을 미치지 않을 요소들을 식별한다. 조작된 변인들과 통제될 변인들을 식별한다.

8) 가설 설정

문제나 질문이 주어졌을 때 가설을 세운다. 자신의 문제로부터 자신의 가설을 세운다.

9) 자료 해석

필요한 자료와 그 자료를 측정할 방법을 식별한다. 유용한 자료를 모은다. 자료표를 만든다. 그래프를 구성하고 해석한다. 타당한 자료의 해석을 한다.

10) 조작적 정의

변인이 쉽게 측정될 수 있는지 아닌지 말한다. 주어진 상황에서 조작적 정의의 필요성을 인식한다. 조작적인 용어로 변인을 어떻게 측정할 것인가를 기술한다. 조작적 정의와 측정될 수 있는 변인 사이의 일치성을 말로 표현할 수 있다.

11) 실험 수행

실험을 위한 지시를 따른다. 문제를 조사하기 위한 다른 대안의 방법을 개발한다. 실험 재료들을 다룬다. 시행착오를 한다. 검증할 수 있는 문제를 식별한다. 자신의 연구 절차를 설계한다. 타당한 결론을 내린다.

12) 모형 구성

모형과 실물을 구별한다. 모형을 위한 적절한 요구물을 식별한다. 실물의 견지에서 모형을 해석한다. 정확하고 적절한 자신의 모형을 개발한다.

다. 탐구 능력의 평가

탐구의 숙달은 중요한 목표로써 과정 중심적인 탐구 과학에서 교사는 끝이 열려 있는 개방적인 활동을 제안하여야 한다.

학생들의 탐구 능력은 그들의 과학적 진보의 주요 요소가 된다. 그러므로 어린이들의 탐구 능력에 대한 평가는 초등 과학 평가 프로그램에서 없어서는 안 될 중요한 요소이다.

탐구 능력을 구체적으로 점검하기 위한 탐구 점검 목록을 사용하여 얻어진 점수들은 교사가 학생들이 과학에서 진보와 성취에 대한 평가로 인정받을 수 있는 평가 수단이며 이것을 모둠으로 함께한다면 더욱 좋은 평가 목록이 될 수 있다.

라. 면담

구성적인 관점에서 아이들이 얼마나 많이 배웠고, 배운 것을 얼마나 잘 이해하는지를 알 수 있는 가장 좋은 방법 중 하나는 그것에 대해 아이들에게 물어보는 것이다. 개방적이고 부분적으로 구조화된 면담은 이러한 목표를 달성하고 아이들의 성취와 생각에 대한 정보를 획득하는 믿을 만한 방법이다(Seda, 1991, p.24).

개방적인 면담은 교사가 학습 목표와 관련된 질문을 하고 대답에 대해 추적하는 교사와 학생 간의 자유로운 대화이다. 교사는 추가 질문을 하고, 아이들이 주어진 대답에 어떻게 도달하는지를 발견하고자 한다.

'소리 내어 사고하기'는 비형식적인 평가에서 교사를 돕는 질문 기술이다. 아이들이 활동을 할 때, 실험에서 결정을 할 때, 또는 문제들을 통해 활동할 때, 자기 생각을 묘사하도록 요구된다.

'소리 내어 사고하기' 방법은 읽기에서 아동의 사고에 대한 교사의 이해를 기르기 위해 제시되었다. 그리고 과학에서 학생의 이해를 평가하는 데 있어 훌륭한 도구이다. 소리 내어 사고하기는 아동에게 자신의 사고를 명확하게 하는 것을 돕는다. 네가 생각하고 있는 것을 말해 보아라. 이것에 대해 말해 보아라. 좀 더 말해 볼 수 있겠니?

마. 일지쓰기

과학일지는 활동, 질문, 알게 된 답, 느낌, 반응 등 많은 정보를 담고 있다.

과학일지는 또한 학생과 교사 사이에 대화물로도 쓰일 수 있다. 일지의 기록사항은 교사에게 '학생들의 머릿속으로 들어가기'를 도울 수 있다. 매일 일지를 읽고 응답의 말을 써서 아동에게 돌려주어 모두에게 관심을 쏟고 유효하지 못한 생각은 바로잡아 주어야 한다.

III. 결 론

현장에서 시행되고 있는 다양한 과학 평가에 대해 살펴보았다. 그러나 대다수의 사람들은 초등 과학의 평가를 학업성취도에 국한시켜 생각하고 있다. 학업성취도 결과가 좋지 않으면 단위 학교의 과학 교육은 잘 이루어지지 않은 것으로 치부하고 있다. 여기에서 괴리가 나타나고 있다. 다양한 평가 속에서 학생 개개인에 대한 과학 교육의 위치가 파악되고 그에 알맞은 처방이 내려진다면 과학 교육은 쉽게 제자리를 찾을 수 있을 것이다.

평가가 지식 영역에만 치우치지 않고 학생들의 과학에 대한 태도, 정의적 영역까지도 고려한 전반적인 평가가 이루어질 때 우리나라의 과학 교육 평가는 한 단계 높아질 것이다.

제 6장 |

초등 과학 수업 개선 방안 사례

1. 수업에서의 문제점
2. 수업 A에 대한 관찰
3. 수업 A에 대한 논의 및 수업 B에 대한 방향
4. 수업 B에 대한 동기 및 생각
5. 수업안 B
6. 수업안 B에서의 유의점
7. 개발하게 된 동기

1. 수업에서의 문제점

민정: 야 이 꽃 정말 예쁘다. 성희: 이 꽃은 우리나라 꽃 패랭이꽃이야.
민정: 그런데 이 많은 꽃들을 어떻게 분류할 수 있을까? 성희: 우선, 색깔, 냄새, 모양 등으로 분류하여 보자.
민정: 색깔로 나누려고 하니 비슷한 색으로 해야겠다. 꽃마다 색들이 약간씩 다르니 말이야. 냄새로 나누려니 쉽지 않구나. 그냥 냄새가 나는 것과 나지 않는 것 정도로 말이야. 그런데 모양으로 나누려면 어떻게 해야 하나? 성희: 모양으로 나누려는 것은 꽃잎의 모양으로 우선 나누어 보자.
선생님: 꽃들은 색깔과 냄새, 모양으로 분류한 것을 발표해 보겠어요. 성희: 선생님, 모양으로 나누는 것은 꽃잎의 모양으로 나누는 것인가요?
선생님: 그래요. 꽃잎의 모양으로 나누어 보세요. 민정: 선생님 이 꽃 이름이 무엇이에요? 성희: 저도 이 꽃 이름을 잘 모르겠어요.
선생님: 미리 꽃 이름은 잘 알아서 와야지. 보자. 글쎄…… 민정: 선생님 이 꽃잎의 모양과 이 꽃의 모양이 같은 것인가요. 저는 비슷해 보이는데 성희는 다르다고 해요.

※ 문제점

1) 자료의 준비가 쉽지 않다. 특히 다양한 꽃을 준비하는 데 어려움이 많다.

2) 꽃가게 등에서 준비한 꽃들은 개량된 꽃들이라 꽃의 일반적인

특성을 파악하는 데 어려움이 있다.

3) 분류기준에 따라 나눌 수 있는 꽃들이 많지 않다.

2. 수업 A에 대한 관찰

가. 도입

(동기유발)

지난 시간에 배운 다양한 꽃의 모습과 색깔, 냄새 등에 대하여 질문과 답변이 이루어졌다. 학생들은 꽃이 다양하다는 것을 발표하였다. 이에 대해 교사는 컴퓨터 자료(에듀넷)를 통해 다양한 꽃을 보여주었고 이 꽃들의 비슷한 점이 있는지에 대해 알아보도록 하였다.

(학습목표제시)

다양한 꽃들은 기준을 정하여 분류하는 활동을 함을 제시하였다.

나. 전개

(학습 활동)

꽃들의 분류기준에 대하여 발표한 후 모둠별로 가지고 온 꽃을 분류기준을 정하여 분류하도록 하였는데 다음과 같은 문제점이 보였다.

(분류활동)

1) 꽃을 모둠별로 기준을 정하여 분류하도록 하였다. 분류기준에 따라 나눌 수 있는 꽃이 제한되어 있었다.

2) 꽃을 꽃잎의 모양에 따라 나누도록 하였다. 갈래꽃과 통꽃으로

나누는 활동인데 교사의 안내가 충분히 이루어지지 않았다.

3) 분류기준에 따른 꽃의 이름과 통꽃과 갈래꽃으로 나누는 활동을 학습지에 적도록 하였다. 실험관찰에 나와 있는 내용을 학습지에 따로 기록하도록 하였다.

4) 꽃의 구조에 따라 나누도록 하였다. 꽃의 구조를 파악하는 데 시간이 부족한 듯하다. 학습활동에서도 학생들은 명확하게 나누지를 못하였다.

다. 정리

분류한 활동을 가지고 모둠별로 발표를 하였다. 발표한 내용을 토대로 문제점을 살펴보면 다음과 같다.

1) 학생들이 분류기준을 정하고 그에 따른 꽃의 이름을 발표하였다. 기준이 모호한 것에 대한 논의가 충분하지 않았다.

2) 학생들은 꽃잎의 모양에 따라 갈래꽃과 통꽃으로 나누고 이에 따라 꽃을 분류한 내용을 발표하였다. 갈래꽃과 통꽃이라는 표현을 직접적으로 쓰는 것이 더 좋을 듯하다.

3) 꽃의 구조에 따른 분류로 꽃을 분류하였다. 꽃잎, 꽃받침, 수술, 암술의 구분을 잘하질 못해 분류한 꽃이 맞지 않는 것이 있었다. 이에 대한 논의가 충분했으면 더 좋았을 것이다.

3. 수업 A에 대한 논의 및 수업 B에 대한 방향

수업 협의 참가자: 수업교사, 참관자, 사회자

사회자: 오늘 꽃에 대한 수업을 진지하게 보아 주신 선생님들과 어려운 수업을 해 주신 김 교사님께 감사를 드립니다. 오늘 수업에 대한 논의를 하겠습니다. 먼저 수업을 하신 김 교사의 수업에 대한 소감을 듣도록 하겠습니다.

김 교사: 오늘 수업은 연차시로 구성되어 있는 수업을 60분에 걸쳐 수업을 진행하였습니다. 꽃의 분류에 대한 수업내용인데 생각보다 학생들이 분류하는 데 어려움을 많이 느낀 것 같습니다. 꽃의 구조에 따른 분류를 통해 암술과 수술이 있음을 알고 이들의 역할도 하게 되어 있는데 이번 수업에서는 꽃의 구조에 따른 분류까지만을 하였습니다. 꽃의 각 부분의 역할은 다음 시간에 꽃가루받이 등이 나오는 것과 연결 지으려 하여 제시하지 않았습니다.

사회자: 자 지금부터는 좀 더 나은 수업을 위한 논의가 있겠습니다.

박 교사: 학생들이 꽃 이름을 잘 모르는 경우가 있었습니다. 꽃을 준비할 때 미리 선별하는 것은 어떨는지요?

이 교사: 학생들은 주로 꽃가게 등을 이용하여 꽃을 가지고 옵니다. 그래서 비슷비슷한 꽃을 가져오기가 쉽지요. 좀 더 다양한 꽃을 준비하기 위해서는 전 시간에 미리 준비할 꽃에 대한 안내가 있었으면 더 좋았을 것이라고 생각합니다. 전 차시에 다양한 꽃을 관찰하는 시간이 있었기 때문에 충분히 가능하리라 생각됩니다.

김 교사: 예. 막상 수업을 진행하면서 그런 생각이 들었습니다. 생각보다 꽃이 다양하고 우리들이 꽃에 대해 많은 부분을 모르고 있다

는 사실을 느꼈습니다.

박 교사: 꽃을 분류하는 데 분류 기준에서 꽃의 모양을 나타낼 때 표현 방법에 있어 학생들이 어려워했는데 표현 방법에 대해 미리 안내해 주는 것도 괜찮을 듯합니다.

이 교사: 과학에서 관찰은 제일 중요한 탐구과정입니다. 그럼에도 불구하고 이들을 표현하는 방법에 대해서는 학생들에게 가르쳐 주지 않고 있습니다. 모양, 느낌, 생김새 등에 대한 기술방법에 대하여 가르쳐야 합니다.

박 교사: 과학교과는 과학교과서 이외에 실험관찰이 있습니다. 이번 수업에서도 학습지를 쓰셨는데 실험관찰에 있는 내용을 그대로 학습지로 제시하였습니다. 이런 것은 실험관찰을 그대로 쓰는 것도 좋을 듯합니다.

이 교사: 꽃잎의 모양에서 통꽃과 갈래꽃으로 분류하는 부분에서 선생님은 꽃잎이 갈라진 것, 꽃잎이 모여 있는 것으로 계속 말씀을 하셨는데, 이럴 때는 통꽃과 갈래꽃이라는 용어를 쓰는 것이 어떠했을는지, 실험관찰에도 통꽃과 갈래꽃이라는 용어가 그대로 나오고 있는데 말입니다.

박 교사: 이 교사 말씀이 맞는 것 같습니다. 용어 한마디로 표현할 수 있는 것을 설명하는 말로 함으로써 더 어려운 경우가 있습니다. 개념이나 특성을 나타낸 표현은 설명과 함께 그대로 사용하는 것이 더 좋다고 생각됩니다.

이 교사: 꽃의 구조를 컴퓨터로 하나씩 자세히 설명해 주시는 부분은 좋았던 것 같습니다. 그럼에도 불구하고 직접 학생들이 분류하는 활동에서는 어려움을 느끼는 것 같았습니다.

박 교사: 눈으로 보는 것도 중요하지만 과학은 직접 만져 보며 하는 활동이 더 중요하다고 생각합니다. 하나의 꽃을 학생들과 직접 해 보는 활동이 있었으면 더 좋았을 듯합니다.

이 교사: 이번 수업에서 꽃잎, 꽃받침, 수술, 암술 등을 직접 붙여 보는 활동이 들어갔다면 학생들이 이해하는 데 더 효과적이었을 것이라고 생각됩니다.

이 교사: 꽃의 구조까지만 수업내용으로 선정하신 것은 좋은 분석이라 생각됩니다. 이번 시간은 꽃의 분류를 다양하게 해 본 점에서 좋은 수업이었다고 생각됩니다.

박 교사: 수업 활동시간을 줄여 수업하는 바람에 학생들과 충분한 논의가 이루어지지 않은 점이 아쉽게 느껴지지만 학생들의 수업 참여는 아주 좋은 수업활동이었다고 생각됩니다.

사회자: 이상으로 수업에 대한 논의를 마치도록 하겠습니다.

4. 수업 B에 대한 동기 및 생각

▶ 전 차시에 꽃의 다양함에 대해 학습하였다. 이때 다양한 꽃을 발표하면서 꽃의 이름을 익히는 활동도 함께하는 것이 좋을 것이다. 그리고 다음 시간에 준비할 꽃에 대해서도 모둠별로 생각해 보고 이야기해 보도록 한다. 무꽃 등과 같이 꽃의 구조를 확연하게 볼 수 있는 꽃은 교사가 미리 준비하는 것도 좋다.

▶ 분류기준에 따라 꽃을 분류할 때 모둠별로 발표를 시키고 타당한지에 대하여 학생들끼리 충분히 논의가 이루어지게 하는 활

동을 하도록 한다.

▶ 꽃잎에 의한 분류 활동에서 갈래꽃과 통꽃으로 분류하여 발표한다.

▶ 꽃의 구조에 의한 분류에서는 꽃잎, 꽃받침, 암술, 수술 등을 학습지에 붙여 가며 명확하게 분류하도록 한다. 꽃의 역할에 대해서는 다음 시간에 활동하는 것이 더 합리적이므로 이번 수업에서는 꽃의 분류에 초점을 맞추도록 한다.

5. 수업안 B

단원	5. 꽃	차시	2−3/5
학습주제	• 꽃 분류하기	교과서 쪽	교과서46쪽 실험관찰 32쪽
학습목표	• 여러 가지 꽃을 관찰하여 생김새에 따라 무리 지을 수 있다. • 여러 가지 꽃을 관찰하여 공통된 구조를 찾을 수 있다.		

관련 사이트: http://mi.edunet4u.net/mullib

과정	학습문제	교수−학습활동 교사	교수−학습활동 아동	시간	자료 및 유의점
탐색 및 문제 파악	전시 학습 확인	• 여러 꽃 살펴보기 −여러 꽃을 관찰해 보면 어떤 점이 다른가? −같은 점에는 어떤 것들이 있는가?	−색깔, 모양, 냄새 등이 다르다. −색깔이 같은 것도 있고 모양이 비슷한 것도 있다.	5	여러 꽃 제시 인터넷
자료 제시 및 관찰 탐색	본시 학습문제 확인	여러 가지 꽃의 공통점과 차이점에 대해 알아보자.			
	여러 꽃의 특징 알아보기	• 꽃을 관찰하여 특징을 기록하기 −준비해 온 꽃의 특징을 알아보자. −각 꽃들의 공통점에는	−꽃의 특징을 학습지에 기록한다. −색깔이 비슷하거나 모양, 향기 등이 있다. −나눌 수 있다.	10	꽃

		무엇이 있는가? ─공통적인 특징을 가지 고 꽃들을 나눌 수 있 는가?			
추가 자료 제시 및 관찰 탐색	분류기준 에 따라 정하기	• 모둠별로 분류 기준을 정 하여 꽃을 나누어 보기 ─분류 기준에 따라 꽃을 나누어 실험관찰에 기록 한다. ─분류 기준에 따라 나눈 꽃을 모둠별로 발표한다.	─실험관찰에 분류기준을 정하고 나누어 본다. ─분류기준이 적당한지 세 심하게 듣도록 한다. ─색깔이나 모양으로 나 눌 때 어려움이 있었다.	10	
	꽃의 구조	• 꽃의 구조 알아보기 ─꽃을 색깔, 모양, 냄새로 분류하는 데 어려움이 없었는가? ─꽃을 다른 기준으로 나 누어 보자. ─꽃의 구조를 통해서도 꽃을 나눌 수 있다. 무 꽃의 구조를 살펴보자.	─교과서 삽화를 살펴본다.	10	

과정	학습문제	교수─학습활동		시 간	자료 및 유의점
		교사	아동		
규칙성 발견 및 개념 정리	꽃을 해부 하여 구조 살펴보기	─꽃의 구조에는 어떤 것 들이 있는가? • 꽃을 해부하기 ─가져온 꽃을 해부하여 꽃잎, 꽃받침, 암술, 수 술 등으로 구분하여 학 습지에 붙인다.	─꽃잎, 꽃받침, 암술, 수 술 등이 있다.	20	꽃, 학습지, 스카치테 이프
	꽃의 구조 에 따라 분 류하기	• 꽃의 구조에 따라 꽃을 분류한다. ─꽃잎의 모양, 꽃받침의 유무, 암술, 수술 등에 따라 분류 기준을 정하 여 분류한다.		5	

	꽃의 공통 점 찾아보기	• 꽃의 공통점 - 꽃에는 어떤 것들이 공 통적으로 있는가? - 암술, 수술은 왜 꽃마다 있을까?	- 암술과 수술이 있다.	5	
적용 및 응용	꽃의 구조 를 설명하기	• 제시된 꽃을 보고 구조 를 설명하도록 한다. 꽃의 구조에 따라 꽃을 분 류하여 본다.	- 모둠별로 분류된 내용 을 발표한다.	10 5	학습지
차시예고		• 다음 시간에는 꽃의 역할 에 대해 알아보도록 한다.			

평가관점	배점
1. 꽃을 나누는 분류기준을 타당하게 하는가?	2. 1. 0
2. 분류 기준에 따라 꽃을 나누는가?	2. 1. 0
3. 꽃을 구조에 따라 바르게 나누고 분류하는가?	2. 1. 0

6. 수업안 B에서의 유의점

위 수업에서 너무 많은 꽃은 자칫 분류의 기준을 어렵게 할 수도 있다. 그러므로 학생들에게 보여 주는 자료도 색깔이나 모양 등에 유의하여 엄선하여 보여 주도록 한다.

직접 가져온 꽃을 관찰할 때도 한 사람이 다 관찰할 수는 없다. 그러므로 나누어 관찰하고 관찰한 결과를 모둠별로 함께할 수 있도록 한다. 꽃을 분해할 때는 순서에 맞게 차례로 바깥쪽부터 해부하도록 한다. 분해가 되는 것들은 바로 학습지에 붙여 비교하기 쉽게 하도록 한다. 백합 등은 꽃잎이 크므로 학습지에 붙이기가 어렵다. 다른 종이를 이용하도록 한다.

꽃의 구조에 따라 분류함에 있어 꽃잎으로 분류할 경우에는 갈래 꽃과 통꽃 이외에 꽃잎의 수를 가지고도 나눌 수 있다. 한쪽으로만 치우치지 않도록 한다.

7. 개발하게 된 동기

꽃은 식물에 있어 중요한 역할을 하는 부분이다. 그럼에도 불구하고 단지 아름다움만으로 인식되어 왔다. 교실에서도 꽃을 지도함에 있어 자료 준비나 식물에 대한 정확한 이해가 없어 피상적으로만 흐를 수 있다.

꽃의 이름에 대해서도 알지 못하는 것들이 훨씬 많다. 아이들과 학교 주변을 함께 돌아다니며 꽃을 알아보았다. 우리 학교 주변에도 많은 꽃이 피고 짐을 알 수 있었다. 주변에 피는 작은 꽃들에게도 관심을 갖고 살펴보고 식물이 살아가는 방법에 대해서도 생각해 봄으로써 주변에 관심을 갖도록 한다.

관찰과 분류 활동은 탐구 활동의 가장 중요한 기능이다. 5학년이 되어도 관찰하는 태도나 방법이 부족한 학생들이 많이 있다. 이런 활동을 통해 조금이라도 탐구 능력이 신장되기를 바란다.

제7장 |

초등 과학 발견 학습 모형의
교수학습 적용 사례

1. 브루너의 구조
2. 발견학습 이론
3. 나선형 교육과정
4. 초등학교 과학 발견학습 모형
5. 발견 학습 모형을 적용한 교수─학습 지도안

1. 브루너의 구조

1959년 9월에 미국의 각 분야 학자들 및 교육 전문가들(6명의 수학자, 10명의 심리학자, 5명의 교육학자, 2명의 영화 제작자, 2명의 역사학자, 5명의 생물학자, 4명의 물리학자, 1명의 고전학자)가 우즈홀이란 곳에 모여서 초등학교와 중등학교 과학 교육의 문제점과 개선방향에 대해 논의하였다.

이 회의에서 논의된 종합보고서를 교육의 과정(The process of education)이라는 책으로 출판하였다. 브루너는 하버드 대학의 교수로 있으면서 아동의 인지 발달에 대해 연구하였으며 피아제 이론의 전문가였다. 그는 피아제의 이론을 수용하는 데 그치지 않고 인지발달과 학습과의 관계를 나름대로 정립함으로써 나선형 교육과정, 발견학습론 등 아동의 인지발달에 바탕을 둔 수업 이론을 전개하였다.

브루너는 지식의 구조를 강조하였으며 학생들이 지식의 구조를 학습해야 한다고 하였다. 그는 학습에 있어 원래 학습한 것과 매우 유사한 과제를 해결하는 데 학습 결과가 응용될 수 있어야 한다는 것인데 이를 특수 전이라 한다. 다른 하나는 원리와 태도의 전이로서 전혀 새로운 상황의 문제를 학습한 내용의 한 사례로 보고, 그것을 이미 학습한 기본적이고 일반적인 아이디어에 의해서 해결할 수 있어야 한다는 것이다. 이것을 일반 전이라 한다. 브루너는 일반전이가 교육의 과정, 즉 기본적이고 일반적인 아이디어에 의해서 부단히 지식의 폭과 깊이를 확장해 가는 과정의 핵심이라 하였으며 한 교과의 구조, 즉 한 교과를 이루고 있는 기본 개념의 상호 관련된 체계를 학생들이 효과적으로 이해함으로써 일반 전이가 가능하다고 하였다.

　브루너는『교육의 과정』에서 구조를 설명하기 위해 자연과학 및 언어학의 예를 들었다. 우선 그는 생물학에 있어서 자벌레의 경우를 통해 생물학적 구조에 대해 설명하였는데 이를테면 평평한 나무판대기 위를 자벌레가 기어갈 경우, 자벌레는 곧바르게 일직선으로 기어간다. 그러나 나무판을 30도로 기울여 놓으면 45도로 기어가고, 60도로 나무판을 기울이면 75도로 기어가는 것으로 보아 자벌레는 기울어진 판때기 위를 기어갈 때 15도로 기울여 가는 성향이 있음을 알게 된다. 이 외에 메뚜기는 맹목적으로 이동하는 것이 아니라 산소의 함유량과 온도에 따라 이동하는 것이다. 생물학에 있어서 구조를 파악한다는 것은 곧 생물학적 현상들이 어떻게 서로 연결되어 있는가를 밝히는 것이 된다. 언어학에서는 브루너는 아동의 모국어 습득 경우를 든다. 한 문장의 구조가 가지는 미묘한 원리를 일단 파악한 아동은, 그러한 문장이 가지는 규칙에 대하여 어떠한 언급을 하지 못하더라도 그 문장이 가지고 있는 의미를 문법 구조가 다른 문장으로 똑같이 표현할 줄 알게 된다. 다시 말하면, 아동은 이제 그 문장의 의미를 바꾸지 않고도 주어진 문장을 변형시킬 수 있게 된다. 일단 문장의 구조가 가지는 미묘함을 파악한 아동은 예를 들면, '개가 사람을 물었다.'를 '사람이 개에게 물렸다.'로 표현할 수 있게 된다. 이렇듯 브루너에 의하면 모든 학과는 그 학과를 구성하는 기본적 원리, 즉 고유한 구조를 가진다. 우리가 배운 구조로 그와 비슷한 현상을 파악, 이해한다는 것은 곧 구조의 심화 내지는 확대라고 볼 수 있다. 그러므로 구조는 우리가 처음 배웠던 기본적이고 원초적인 원리를 그대로 유지하면서도 계속 확대되며, 따라서 심오하고 복합적인 단계에까지 이르게 된다.

지식의 구조를 학습했을 때의 이점으로는 다음과 같다.

일반적인 원리를 파악하는 데까지 미치지 못한 학습은 지적인 희열이라는 관점에서 볼 때 아무것도 주는 바가 없다. 교과에 대한 흥미를 일으키는 가장 좋은 방법은 학생들로 하여금 그것이 알 가치가 있음을 느끼도록 하는 것이며, 이는 학습에서 얻은 지식을 학습 상황 이외의 다른 상황에서도 활용할 수 있을 때 가능하다. 또한 학습에서 얻은 지식을 서로 관련시키는 구조가 없을 때 그 지식은 쉽게 잊힌다. 서로 단절된 일련의 사실들은 그 기억 수명이 가련할 만큼 짧다. 원리나 개념을 중심으로 특수한 사실들을 구조화시키고 이들로부터 다시 특수한 사실들을 추리해 내는 것만이 인간 기억의 급속한 마모를 감소시키는 현재까지 알려진 유일한 방법이다.

2. 발견학습 이론

지식의 구조를 학습하는 것이 중요하며 이 기본적인 구조를 효과적으로 학습하는 방법이 무엇인가 하는 문제가 대두된다. 브루너는 교육개혁 운동을 회고하는 글에서 "우리는 물리학에 관하여 가르치는 것이 아니라 물리학을 가르쳐야 한다. 그러므로 물리학을 배우는 학생은 관람자가 아니라 참여자여야 한다. 한 분야의 기본적인 아이디어에 완전히 통달하기 위해서는 일반적인 원리를 파악할 필요가 있을 뿐만 아니라 학습과 탐구에 대한 태도, 추측과 가설설정에 대한 태도, 혼자의 힘으로 문제를 해결할 수 있다는 자신감 등을 가질 필요가 있다."

브루너의 발견학습의 장점을 네 가지로 요약하고 있다.

첫째, 발견학습은 개인의 지적 능력을 키워 줄 수 있다는 것이다. 학생들이 관찰과 실험을 통하여 스스로 새로운 개념을 발견해 가는 학습을 통해서, 그들은 점차 탐구 기능과 문제 해결력을 터득하게 되며, 새로운 상황에서 학습한 개념을 적용할 수 있는 능력을 형성하게 된다.

둘째, 학생들은 성공적으로 발견학습을 경험하게 되면 내적으로 만족스러운 지적 희열을 맛본다는 것이다. 학생들은 성공적인 발견학습을 통하여 내적 보상을 받는 것이다. 교사들은 학생들의 학습을 격려할 목적으로 칭찬을 하거나 좋은 성적을 주는 등의 외적 보상을 준다. 그러나 학생들이 진정으로 즐겁게 학습하기를 원한다면, 학생들이 내적 보상을 받을 수 있도록 학습경험을 선정하고 조직하는 일이 중요하다.

셋째, 발견의 과정을 직접 경험함으로써 발견의 기술과 방법을 터득하게 된다는 점이다. 즉 반복되는 발견을 위한 노력과 문제의 해결 과정을 통하여 스스로 새로운 것을 발견해 가는 기술을 터득할 수 있다.

넷째, 발견 학습을 통해서 얻은 개념은 오래 기억된다는 점이다.

3. 나선형 교육과정

브루너는 학습은 모든 아동이 연령과 관련된 일련의 단계에 따라 인지 발달이 이루어지며, 학습은 아동이 도달한 인지수준에 크게 의존한다고 보았다. 피아제는 아동의 학습준비에 대해 아동의 인지수준에 의존한다고 생각하였으나 브루너는 적절한 형태로만 학습내용이 제공되면 아동은 항상 학습할 준비가 되어 있다고 주장하였다. 브루너는 학생들의 발달단계가 높아짐에 따라 점차 세련된 형태로 가르치도록 계획된 교육과정을 나선형 교육과정이라 하였다.

나선형 교육과정의 아이디어가 나타내는 한 가지 시사점은 학교 혹은 학년 교육과정에서 찾아볼 수 있다. 교육과정을 계획하는 일은 우선 학교 수준을 통틀어 가르쳐야 할 개념 또는 원리들을 확인하고, 그것들을 각각의 학교 혹은 학년 수준에서 어느 정도로 정확하게 가르쳐야 할 것인가를 결정하여야 한다.

브루너의 나선형 교육과정에서는 어떤 아이디어든지 아동의 사고방식에 알맞게, 그리고 되도록 지적으로 올바르게 어려서부터 일찍 가르칠 수 있으며, 그 아이디어는 고학년에 가서 그 수준의 사고방식에 맞는 표현 방법을 빌려서 몇 번이고 다시 가르쳐져야 한다는 것이 나선형 교육과정의 기본 개념이다.

브루너의 이론에 바탕을 둔 이 교육사상은 당시의 과학 교육 등에 꾸준히 영향을 미쳐서, 이 기간 동안에 개발된 과학 교육 과정은 한 결같이 기본 과학개념과 그들 간의 상호 관련성을 나타내는 개념 체계를 중시하고, 발견 혹은 탐구를 통한 과학개념의 학습을 강조하였다. 그 예로, 초등학교교육과정인 ESS와 SAPA(Science－A process Approach), 중학 과학 교육과정인 IPS(Introductory Physical Science), 고등학교의 PSSC 물리, CBA 화학, BSCS 생물 등을 들 수 있다.

브루너의 이론에 바탕을 둔 학문중심 교육사상은 우리나라의 과학 교육에도 큰 영향을 주어서, 1973년에 이루어진 제3차 교육과정에 따른 과학 교과서는 종래와 전혀 다르게 기본 개념과 개념 체계를 중시하고, 발견 혹은 탐구 중심의 학습을 강조하였다.

4. 초등학교 과학 발견학습 모형

발견 수업 모형은 탐색 및 문제 파악→자료 제시 및 관찰·탐색→추가 자료 제시 및 관찰·탐색→규칙성 발견 및 개념 정리→적용 및 응용의 5단계로 이루어져 있다. 심화·보충 학습 프로그램의 적용 단계는 규칙성 발견 및 개념 정리와 적용 및 응용 단계이다.

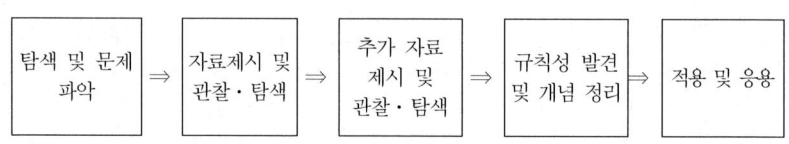

〈그림 1〉 발견 수업 모형

발견 수업 모형에서의 프로그램의 활동으로는 '낱말 퍼즐', '그래프 그리기', '마인드맵 완성하기', 'NIE 학습', '읽을거리 해결하기',

'문장 완성하기', '이야기 꾸미기' 등 다양한 활동을 적용할 수 있다.

5. 발견 학습 모형을 적용한 교수-학습 지도안

혼합물 분리하기 단원 중 사인펜 잉크 색소의 혼합물 발견 학습 모형 교수-학습 지도안은 다음 <표 1>과 같다.

〈표 1〉 발견 학습모형 교수-학습 지도안

단원	5. 혼합물 분리하기			
학습주제	사인펜 잉크 색소의 혼합물 분리하기			
학습목표	* 수성 사인펜 잉크 색을 몇 가지 색으로 분리할 수 있다.			
학습 단계	교수-학습활동		시량	학습자료 및 유의점
	교사활동	학생활동		
탐색 및 문제 파악	▶ 전시 학습 상기 • 물과 식용유의 혼합물은 어떻게 분리하였는가? ▶ 본시 학습 주제 인식 • 차시 도입 글을 읽고 무슨 일이 벌어질지 예상해 본다. • 자신의 경험을 이야기해 본다. ◑ 학습 문제 확인 사인펜 색소는 어떤 색으로 되어 있을까?	스포이트를 이용하여 위층의 식용유를 빨아낸다. • 종이가 얼룩이 저 망쳤을 것이다. • 수성사인펜은 물에 번지고 유성사인펜은 번지지 않는다.	5'	PPT 자료 실물환등기 파워포인트
자료 제시 및 관찰 탐색	▶ 수성 사인펜과 유성 사인펜에 물을 떨어뜨렸을 때의 변화 관찰하기	• 수성 사인펜으로 쓴 글씨에 물을 떨어뜨렸을 때 번지며 여러 색이 보인다.		
추가 자료 제시 및 관찰 탐색	▶ 수성사인펜의 색소 분리하기 실험 1. 분필을 이용하여 사인펜 색소 분리하기 실험 2. 거름종이를 이용하여 사인펜의 색소 분리	실험 1 가) 분필의 1㎝되는 곳에 사인펜으로 둘레에 선을 긋기 나) 살레에 5~6㎜ 정도	5'	

	하기	의 물을 채우기 다) 분필을 담그고 변화 관 찰하기		
	실험 계획된 실험 내용대로 모둠별 로 실험을 실시한다.	실험 2 가) 거름종이의 중심에 10 원짜리 동전을 대고 연 필로 원을 그리기		
추가 자료 제시 및 관찰 탐색		나) 원 둘레에 빨강, 파랑, 검 정 사인펜으로 점찍기 다) 원의 중심에 구멍을 뚫 고 다른 거름종이를 둥글 게 말아 심지를 만들기 라) 심지를 거름종이에 끼운 후 비커에 물을 반 정 도 붓고 심지를 끼운 거 름종이 올려놓기	5'	실험 계획이 다 된 모둠은 먼저 하도록 한다.
개념 규칙성 발견 및 개념 정리	▶ 수성사인펜의 색소가 분리 된 결과를 이야기한다.	검은색 사인펜은 ……색으 로 나타났다. 파랑색 사인펜은 ……색이 나타났다. 빨강색 사인펜은 ……색이 나타났다.	12'	
응용 및 적용	▶ 검정, 빨강, 파랑 수성사인 펜 외에 다른 수성사인펜 의 색소는 어떻게 되었겠 는지 발표한다. 심화 활동 (1) 유성사인펜 색소 분리하기 보충활동 수성 사인펜, 유성 사인펜을 이용하여 그림 그리기	위 실험을 통해 한 가지로 보이는 수성 사인펜 색이 여러 색으로 이루어졌음을 알 수 있다. • 다른 수성사인펜의 색도 여러 가지 색소로 이루 어졌다.	8' 5'	학습 활동지
차시 예고	▶ 차시예고 다음 시간에는 두부 만들기를 하도록 하겠다.			

본시 평가 계획

평가 관점	척도
(1) 실험 계획을 바르게 세워 실험하는가?	2, 1, 0
(2) 수성사인펜의 색소를 바르게 관찰하고 내용을 잘 기록하는가?	2, 1, 0
(3) 실험 활동에 적극적으로 참여하는가?	2, 1, 0

제 8장 |

초등 과학논술 지도 및 지도 사례

Ⅰ. 서 론

Ⅱ. 본 론

    1. 초등 과학논술이란?

    2. 각 학년별 초등 과학논술 지도 방안

    3. 초등 과학논술 평가

    4. 과학논술 예시자료

Ⅲ. 결 론

Ⅰ. 서 론

사람은 언어를 통해 자기의 생각을 타인에게 전달하고, 언어를 통해 상호 의사소통을 이룬다. 글을 쓰는 것은 자기의 생각과 의견을 정리하여 다른 사람에게 전달하는 중요한 일이다. 과학논술에 대한 관심은 최근 몇 년 전부터 각 대학에서 논술을 입시전형으로 내세우며 높아지기 시작했다. 현재 고등학교는 물론 초등학교에서도 대비를 해야 한다 하여 많은 교재와 책들이 발간되고 있는 실정이다.

초등 논술은 '초등학생을 대상으로 지도하는 논리적인 표현'으로 설명하고 있다. 초등 과학논술은 논술의 큰 영역에서 과학을 주제로 논리적인 표현을 하는 형태로 이해해야 할 것이다.

초등학교에서의 과학논술이란 용어에 대한 정확한 정의는 구체적으로 제시되고 있지 않지만 논술의 큰 틀 속에 한 부분으로 자리매김하고 있다. 이에 따라 초등 과학논술은 교사뿐만 아니라 학부모나 학생들에게도 아직은 낯선 단어이며 현장에서도 지도가 거의 이루어지지 않고 있는 실정이다.

이에 앞으로 초등학교에서의 과학논술 지도 방법과 평가에 대해 살펴보고자 한다.

Ⅱ. 본 론

1. 초등 과학논술이란?

초등 과학논술은 초등학생이 대상이다. 초등학생에게 과학논술을 지도하기 위해서는 바람직한 과학 논술에 대해 생각해 보아야 한다. 일반적으로 과학논술은 논술의 한 형태이다. 좋은 논술은 우선, 주제가 분명하게 잘 드러나야 하며 주장을 뒷받침하는 논거가 적절하여야 한다. 또한 주장이 모순이나 비약 없이 자연스럽게 이어져야 하고 서론, 본론, 결론 등 구성이 제대로 갖추어져야 한다. 이 밖에도 띄어쓰기, 맞춤법, 문법 등 표현이 정확하게 사용된 글이어야 한다.

초등 과학논술의 목적은 일반 초등 논술에서 추구하는 내용과 일맥상통한다. 학생들이 창의적, 논리적으로 생각하고 표현하는 능력을 길러주는 것이다. 과학논술은 논술의 일반적 특성 이외에 과학이라는 주제의 특수성을 살려 과학적 사고를 할 수 있도록 해야 한다. 과학적 사고의 특징은 합리적이고 폭넓어야 하며, 비판적이어야 한다. 이러한 특징을 잘살려 글을 쓰도록 하는 것이 초등 과학논술이 나아가야 할 방향일 것이다.

2. 각 학년별 초등 과학논술 지도 방안

초등 과학논술의 유형을 살펴보면 크게 설명적 글쓰기와 논리적 글쓰기, 비판적 글쓰기, 창의적 글쓰기 등으로 나눌 수 있다. 이러한 글쓰기 유형에 맞게 가르치는 지도방안을 살펴보는 것은 의미 있는 일일 것이다.

설명적 글쓰기에 해당하는 내용을 살펴보면 관찰하여 글쓰기, 분류하는 글쓰기, 요약하는 글쓰기, 그림, 사진, 표 그래프를 해석하는 글쓰기, 실험도구, 방법, 설명하는 글쓰기, 실험을 묘사하는 글쓰기 등이 있다.

논리적 글쓰기에 해당하는 방법을 살펴보면, 과학 원리로 해석하는 글쓰기, 문제 해결하는 글쓰기, 근거 찾아 글쓰기, 완성하는 글쓰기, 과학속담, 사자성어 해석하는 글쓰기 등이 있다.

비판적 글쓰기에 해당하는 방법을 살펴보면, 주장하는 글쓰기, 과학오류를 찾아 쓰기, 사실과 의견을 구분하는 글쓰기, 다양한 관점에서 글쓰기, 대화문 완성하는 글쓰기 등이 있다.

창의적 글쓰기에는 상상하여 글쓰기, 일기형식으로 글쓰기, 노래가사 바꿔 쓰기, 과학자에게 편지 쓰기, 노래가사 바꿔 쓰기, 과학자에게 편지쓰기, 극본으로 바꿔 쓰기, 인터뷰 형식으로 쓰기, 만화로 나타내기, 짧은 글 확장하여 글쓰기, 마인드맵 글쓰기, 브레인스토밍을 통한 글쓰기 등이 있다.

초등 과학논술에서 가르쳐야 할 대상은 1~6학년까지이다. 이 시기는 학년마다 학생들의 신체 발달, 학습 정도가 큰 차이가 난다. 과학은 3학년 이상에서부터 교과 과목으로 제시되고 있고 1, 2학년에

서는 슬기로운 생활에서 일부 다루고 있다. 1, 2학년에서의 초등 과
학논술은 논리적 사고를 지나치게 강조하는 것과는 달리 사실적 경
험을 바탕으로 하여 자신의 생각을 솔직하게 표현하는 활동과 주변
의 여러 물건이나 자연현상들을 관찰하여 내용을 이야기하고 그림이
나 짧은 글로 표현해 보는 활동 정도로 이루어져야 한다.

예를 들어, 물에 대해 지도할 경우에는 먼저 오감을 이용해 관찰
하고 물의 변화에 대해 알도록 한다. 그 다음 물이 우리 생활에 어
떻게 사용되며 물을 아끼는 방법과 물을 보호해야 하는 이유 등에
대해서도 생각하도록 한다. 이러한 학습 후에 자신의 생각과 이유를
한두 문장으로 표현해 보도록 한다.

3학년부터 과학은 체계적인 공부가 시작되는 시기이고, 실험실을
이용하고 과학을 탐구하는 방법을 배우기 시작한다. 3～4학년에서의
과학논술은 초등 논술에서 제시하는 하나의 문장 수준에서 시작하여,
서너 문장으로 구성된 한 문단 정도의 내용을 펼칠 수 있도록 하는
것을 목표로 삼아 지도하되, 여기에 과학의 개념을 바르게 이해하고
그 내용을 바탕으로 자신의 의견을 타당하게 제시하며 글의 전개에
중점을 두어야 한다. 교사들은 학생들의 과학적 개념을 이해하려면
실험이나 읽기 자료, 동영상 자료 등을 활용하여야 할 것이다.

그 다음에는 과학적 개념에 대해 다양하게 생각해 볼 수 있도록
하고 간단한 비판을 할 수 있도록 해 주어야 한다. 예를 들어, 소리
에 대한 과학논술을 학생들에게 지도한다면 먼저 동화에서 소리에
관련된 내용을 도입하여 동기 유발을 시키고 우리 주변의 다양한 소
리를 찾아보게 한다. 소리는 어떻게 만들어지고 듣게 되는지에 대해
서도 이야기해 보고 소리를 나타내는 단위에 대해서도 알아본다. 소

리를 이용한 도구에는 어떤 것들이 있으며 이런 것들이 우리 생활에 어떤 도움을 주고 있는지에 대해 생각해 보며 이러한 내용을 학습한 후 과학논술을 쓰게 한다.

5~6학년에서 과학논술의 목표는 자기의 생각이나 의견을 자료와 근거를 제시하면서 논리적으로 주장할 수 있는 단계이다. 문단과 문단을 결합하여 하나의 온전한 글이 되도록 하는 것을 목표로 하고 있다. 과학적 사실이나 지식을 바탕으로 자신의 주장을 뒷받침하는 다양한 근거가 논리적으로 제시되어야 한다.

예를 들어 태양계에 대한 내용으로 과학논술을 전개할 경우, 먼저 태양계를 연구한 학자들에 대한 역사적인 사실로 동기 유발을 한 후, 태양계의 개념과 우주탐사, 외계인들에 대해 설명해 주고 이러한 내용을 학습한 후 주제를 정해 과학논술을 하도록 한다.

초등 과학 교육에서 강조하는 것 중의 하나가 탐구능력 신장이다. 탐구능력은 기초탐구능력(관찰, 분류, 예상, 측정 등)과 통합탐구능력(자료해석, 변인통제, 일반화 등)으로 크게 구분해 볼 수 있는데, 저학년과 중학년에는 기초탐구능력에, 고학년은 통합탐구능력 신장에 초점을 두어야 한다. 초등 과학논술에서 탐구는 가장 밑바탕이 되는 작업이다. 탐구 활동은 주장에 대한 근거를 제시하는 데 있어 객관적인 면을 강조할 수 있다. 다른 논술과 차별화되는 면이 여기에 있는 것이다.

우리나라 초등학교에서 배우는 과학 교육 수준은 상당히 높다. 그러나 수준 높은 과학이론을 배우는데도 불구하고 그에 맞는 글쓰기 능력과 토론 능력은 부족하다고 한다. 이를 개선하기 위해서는 학년에 맞는 초등 과학논술지도가 잘 이루어져 자기 생각을 체계적으로 정리하여 표현하는 능력을 키울 수 있도록 지도하여야 할 것이다.

3. 초등 과학논술 평가

논술을 평가하는 목적은 교사와 학습자 간의 상호작용 및 학습자
들 간의 적극적인 상호작용을 통해 논술 능력을 향상시키는 데에 있
다. 초등 과학논술의 구체적인 방법도 일반 논술에서 제시하는 내용
과 별반 다를 것이 없다. 몇 개의 요소로 배점을 정해 놓고 평가하
는 방법과 총괄적인 방법으로 평가할 수 있다.

초등학생들의 논술 평가에 피드백을 작용하기 위해서는 첨삭이라
는 방법이 많이 사용되고 있으며 이 방법은 학생들의 논술실력을 향
상시키는 데 많은 도움이 되고 있다.

초등 과학논술의 경우에도 첨삭지도는 좋은 방법이다. 첨삭지도는
교사의 일방적인 논리 전개보다는 학생과 의견 교환을 통해 지도가
이루어지는 것이 바람직하다고 할 수 있다.

먼저 논제와 제시문을 바르게 이해하고 있는지에 대한 검토가 이
루어져야 하고 주장에 대한 근거가 적절한지를 살펴보아야 한다. 그
다음 표현에 대한 지도로 단락과 문단, 문장에 대해 구체적으로 살
펴보고 의견을 교환한다. 마지막으로 단어 수준의 고쳐 쓰기 지도가
이루어지도록 한다.

과학논술의 평가에 있어서 일반논술과 다른 점이 있다면 과학적
원리, 추론 절차, 추론 결과, 검토, 맺음말이 논리적이고 객관성이 있
는지에 대해 살펴보아야 한다. 초등 과학논술은 이보다는 좀 더 단

순하지만 고학년의 경우에는 이러한 면이 부각되었는지에 대해서 평가해 보아야 할 것이다.

〈표 1〉 과학논술 평가틀

영역	준거	채점기준
과학성	• 과학적 논거제시 • 과학지식 • 합리적 대안 마련	• 주장을 뒷받침하기 위하여 제시하는 근거나 근거의 출처가 과학적으로 믿을 만한가? • 주장에 필요한 과학 지식을 스스로 소화하여 정확하게 사용하는가? • 비판적인 시각에서 문제를 논의하고, 합리적인 대안을 마련하는가?
논리성	• 발상의 참신성 • 논지 전개의 일관성 • 표현의 독창성	• 주장이 분명하고 설득력 있는가? • 주장이 모순된 내용이나 비약 없이 자연스러운 흐름에 맞는가? • 주제에 관한 생각을 자기만의 글로 표현하고 있는가?
독창성	• 발상의 참신성 • 문제 해결의 독창성 • 표현의 독창성	• 주제가 신선하고 독특한가? • 다양한 생각과 새로운 시각으로 문제를 해결하는가? • 주제에 관한 생각을 자기만의 글로 표현하는가?

4. 과학논술 예시자료

다음은 신문에 나타난 기사이다.

1) 아파트에서 아이들 뛰면 벌과금 물 수도

앞으로 아파트에서 아이들이 뛰어다니며 '쿵쿵' 큰 소리를 내면 벌과금을 물 수도 있다.

건설교통부는 소음을 둘러싼 다툼을 줄이기 위해 주택법 시행령을 24일 고쳤다. 건교부는 아이들 뛰는 소리, 애완견 짖는 소리, 늦은 시간에 세탁기나 운동기구 등을 사용하는 소리 등 소음을 규제하는 명확한 규정이 없어 주민 사이에 갈등이 많다는 지적에 따라 이같이 결정했다고 설명했다.

주민들은 스스로 만드는 아파트 관리 규약에 소음을 내는 집에 벌과금을 물리거나 해당 가구의 동 호수 공개, 소음 발생 시간제한 등을 담을 수 있게 된다. 이 내용은 아파트나 연립주택 등 20가구 이상 공동주택에 해당된다.(어린이 동아 2006. 02. 25)

2) '야호!' 안 돼요 시끄러워 새들 짝짓기 방해

"쉿, 새들의 번식기입니다. '야호' 소리치지 마세요."

국립공원을 지키는 시민의 모임은 21일 많은 등산객이 찾는 북한산 국립공원 등 도시 공원에서 큰 소리를 내면 새들의 번식력이 떨어질 우려가 있다며 자제를 호소했다.

매년 4~7월은 새들이 짝짓기를 하고 알을 낳아 새끼를 기르는 기간으로 소음이 크면 번식력이 낮아져 생존을 위협받기 때문이다.

시민의 모임은 22, 23일 오전 10시부터 오후 4시까지 북한산성 입구에서 "야호, 소리치지 마세요." 공연, 손수건 달아 주기, 얼굴에 그림 그려 주기 등 북한산 지키기 캠페인을 벌인다.

신문 기사를 잘 읽어보았는지. 어떤 일에 대한 이야기를 기사화했는지 알아보자.

　문제 1: 아파트에서 뛰면 어떤 일이 생기는가? 이 일로 벌어지는 일에 대해 기사를 냈는데 어떻게 생각하는가?

　문제 2: 새들의 번식기에 시끄럽게 하면 어떤 일이 생기는가? 새들이 번식을 잘하기 위해서 어떤 일들을 해야 하는가?

문제 3: 오랫동안 큰 소음을 들으면 어떤 일이 생기는가?

　　　　청각기능을 잘 유지하려면 어떻게 해야 하는가?

문제 4: 위 신문 기사들의 공통점을 찾아보자. 일이 생기게 된 원
　　　　인과 이를 해결하기 위한 대책을 써 보자.

(1) 아파트에서 뛰면 벌금을 물수도

　　원인:

　　대책 :

(2) '야호!' 안돼요. 시끄러워 새들 짝짓기 방해

　　원인:

　　대책:

(3) 위 신문기사는 다 어떤 일 때문에 생기게 된 것인가?

(4) 이 글에서 내가 할 수 있는 일에는 어떤 일들이 있을까?

　위 신문 기사를 토대로 우리 주변에서 일어나는 소음문제에 대한
원인과 해결 방안에 대해 자기 생각을 글로 써 보자.

Ⅲ. 결 론

　초등 과학논술은 과학의 원리나 개념 등을 토대로 하여 자신의 생
각을 객관적이고 논리적으로 제시하여야 한다. 그러므로 학년별로
동일한 잣대를 가지고 지도할 수가 없다. 저학년은 과학논술이라기
보다는 과학적 사실을 주장하고 그 이유를 이야기하는 정도에서 이

루어져야 한다. 고학년의 경우에는 과학논술의 특징이 나타나도록 지도가 이루어져야 한다.

요즈음 독서와 연관된 논술지도가 많이 강조되고 있다. 과학논술도 예외는 아니다. 그러나 과학논술은 여기에 과학만의 특징인 실험과 관찰하는 활동이 이루어지고, 그 결과를 토대로 글을 전개해 나갈 수 있어야 한다. 학생들이 과학적 호기심을 유발하고 그 내용을 글쓰기와 연계하여 지도한다면 살아 있는 글쓰기 교육이 이루어질 것이다.

초등 과학논술은 이제 막 시작하는 단계이다. 앞으로 많은 연구와 선생님들의 관심이 함께하고 차분히 준비하여 접근한다면 과학 교육에도 많은 도움이 되리라 믿는다.

제9장 |

초등 지구과학 **심화 화석 논쟁**

Ⅰ. 공룡편
  1. 들어가며
  2. 코프와 마시
  3. 글을 마치며
Ⅱ. 화석편
  1. 들어가며
  2. 인류에 대한 논의
  3. 글을 마치며

Ⅰ. 공룡편

1. 들어가며

지질학은 18세기가 되어서야 독립된 과학으로서의 체계를 갖추기 시작하여 19세기 초가 되어 활발한 논의가 이루어졌다. 그러하기에 18세기 초기 화석에 대한 생각은 그야말로 별다른 의미를 지니지 못했다. 화석은 자연이 동식물을 만들려다가 실패한 것이거나 혹은 자연의 장난 결과 우연히 생물의 형태를 닮게 된 것이라고 생각하는 사람이 많았다. 그러나 생물의 유해라는 생각을 하는 사람도 있었다. 소크라테스 이전의 그리스에는 콜로폰의 크세파네스가 있었고 르네상스시대에는 레오나르도 다빈치, 지롤라모프라카스트로 및 조르다노 브루노 등이 있었다.

17세기에 와서 레이에 의해 화석이 생물의 유해라는 의견을 받아들였으나 그도 산에서 조개 화석 등이 발견되는 것을 보여 이것을 인정하지 않았다. 그 이후 영국의 의학 교수인 우드워드는 그의 책 「지구 박물학 역사론」속에 노아의 홍수로 지구가 지표까지 박살이 난 후에 퇴적이라는 과정에 의해 새 암석층이 생길 때 이때 동식물의 유해가 속에 쓸려 들어가 화석이 생긴 것이라고 말하였다. 이 당시에는 화석채집이 유행하게 되었으며 화석뼈는 교회 안에까지 매달리게 되었다고 한다.

레만과 푸크젤은 암석층의 수직 계열에 관해, 각층은 그 밑의 층 위에 서서히 만들어진 것으로 결국 역사적 순서를 나타낸다고 생각하여 암석을 세 가지 유형으로 나누었다. 화석을 포함하지 않은 암석을 1차 암석, 바다생물의 화석을 포함한 것을 2차 암석, 땅 위의 여러 동식물화석을 포함하고 있는 것을 3차 암석으로 나누었다. 이들은 화석을 이용하여 암석을 3종류로 나누었다.

1790년에서 1830년에 이르는 시대를 '지질학의 황금시대'로 부르는데 이 기간에 암석층의 계열조사나 암석층의 광물과 화석을 조사하기 위해 많은 야외연구가 행해졌는데 이 방법상의 진보 중 하나는 암석을 분류하기 위해서 그 속에 박혀 있는 화석을 이용하는 것이다. 이 방법은 뷔퐁에 의해 시작되어 스미드, 퀴비에에 의해 비로소 광범하게 사용되었다. 퀴비에는 화석의 지질학적 중요성에도 관심이 많아 사라진 동물의 복원문제를 다룬 「화석뼈의 연구」를 발표하였다.

중국에서도 수백 년 전부터 식물과 동물의 화석이 발견되었으며 중국인들은 화석을 가루로 만들어 약제에 섞기도 했는데 이를 용골이라고 불렀다.

19세기 초에 최초로 거대한 동물의 화석이 발견되었다. 이 뼈의 잔해는 살아 있는 도마뱀의 뼈와 비슷했지만 규모가 훨씬 컸다. 이 도마뱀류의 화석은 엄청나게 큰 몸집에 날카로운 큰 이빨을 가지고 있었다. 연구자들은 이 화석에 dinosauria(공룡)이라는 학명을 부여했으며 이때부터 공룡은 우리를 매혹시켰다. 그중 코프와 마시도 마찬가지였다.

2. 코프와 마시

코프와 마시는 최초로 공룡을 발굴한 사람이 아니다. 공룡을 최초로 말한 사람은 영국의 비교해부학자이자 초기 고생물학자인 리처드 오언이다. 오언은 이들 동물이 현재 살고 있는 어떤 종류의 파충류와도 다른 대형 육상 파충류라고 밝혔다. 공룡에 대한 논의가 있을 무렵 진화론이 서서히 알려지기 시작했다. 찰스 다윈이 1859년에 「종의 기원」을 출판하자 마침내 많은 사람들이 찬성과 반대로 나뉘게 되었다.

이러한 논의는 대서양 건너편인 미국에서도 벌어지게 되었다. 마시는 진화를 지지하는 쪽이었으며 코프는 반대하는 쪽이었다. 그 당시 미국에서는 대륙횡단 철도의 건설이 시작되었다. 철도 건설을 위해 수많은 폭파와 채굴작업이 이루어짐에 따라 괴상한 모양의 뼈들이 많이 발굴되었다. 이 당시 사람들은 공룡뿐만 아니라 그 어떤 동물도 그 초기 역사에 대해 알려진 것이 거의 없었다. 그러나 1858년 뉴저지 주의 해던필드에서 비교적 완전한 형태의 공룡 골격이 최초로 발견되었다. 미국의 저명한 고생물학자인 조지프 레이디가 그것을 확인하고 기술했다. 그로부터 15년 뒤에 레이디는 마시와 코드 두 사람과 싸움을 벌이게 된다.

마시는 1831년 뉴욕 주 록포트의 농가에서 태어났다. 마시는 다른 사람들과 잘 어울려 지내지는 못했지만 화석 채집 능력이 뛰어났다. 그는 광물과 화석을 채집하는 야외 탐사를 하면서 여름을 보냈으며 1861년 노바스코티아의 금광지대에 대해 최초의 논문을 써서 발표하였다. 마시는 화석 발견에 관한 모든 발표는 오로지 자신의 이름으로 해야 한다고 고집하였다. 마시는 평생 독신으로 살았으며 모든 활동에 최초이자 최고가 되고자 하는 열망이 강하였다. 마시는 이러한 성격 때문에 몇 가지 실수를 하였는데 그중의 하나가 두개골이 없이 발견된 공룡에 성급하게 새로운 종을 발견했다는 결론을 내려 브론토사우루스라는 이름을 붙여 발표하였다. 후에 이 공룡은 이미 발견된 아파토사우루스의 것으로 발견되었다. 그러나 마시의 보다 큰 실수는 사라진 두개골 문제를 해결하는 방식에 있었다. 머리가 어떻게 생겼는지 아무도 몰랐지만 그는 자신이 가지고 있던 두개골을 연결하여 다른 종으로 발표하고 말았던 것이다. 이 표본은 약 100년 동안 엉뚱한 머리를 달고 진열되었다.

코프도 어린 시절은 마시와 비슷하게 지냈다. 어머니가 일찍 돌아가셨으며 코프는 농장 생활을 하며 동식물 표본을 채집하는 것을 좋아하였다. 코프는 고등학교를 졸업하고 유럽에서 공부하고 1864년 미국으로 돌아와 필라델피아의 헤이버퍼드 대학에서 학생들을 가르쳤다. 1865년에 결혼하였다. 그러나 그는 1867년 농장과 헤이버퍼드의 교수직을 버리고 화석 지층에 더 가까운 장소에 있기 위해 뉴저지 주의 해던필드 지역으로 옮겼다. 코프는 열심히 일했으며 마시보다 9년 늦게 태어났지만 이미 18세 때 첫 번째 논문을 발표하였고 20대에는 파충류학자 및 어류학자로서 국제적인 명성을 얻었다. 코프는 새로운 종을 기술할 때 그리스어 이름을 사용하는 것을 즐겨하였다. 그는 자신의 재산을 팔아가며 광산 개발을 하였다. 그는 평생 동안 살아 있는 동물뿐만 아니라 온갖 종류의 화석에 관한 과학적 논문과 모노그래프를 1,400편 이상 발표하였다.

마시와 코프는 모두 독자적인 삶을 살아간 사람이다. 에드윈 콜보트는 마시와 코프의 논쟁에 대해 "그 결과로 대다수의 사람들이 매일 살아가면서 행하는 그러한 조정을 할 필요가 없었던 두 사람은 대인관계 문제에서만큼은 시야가 어두웠지만 두 사람은 모두 과도할 정도로 소유욕과 야심이 강했다."고 평하였다. 마시와 코프의 논쟁은 어떻게 해서 시작되었을까?

두 사람의 논쟁이 시작된 것은 1866년으로 거슬러 올라간다. 그때 코프는 마시에게 자신이 캔자스 주에서 발견한 수장룡의 골격에 대해 연구한 것을 보여 주었다. 마시는 코프가 이 수생 파충류를 그린 그림에서 심각한 잘못을 발견했다. 즉 머리가 골격의 반대쪽 끝에 붙어 있는 것이었다. 마시는 이 사실을 발표했으며 코프는 몹시 기분이 상하여 그 보고서를 손에 닿는 대로 입수하여 없애버렸다. 이 두 사람은 1872년 와이오밍 주의 브리지 분지에서 신생대 에오세 지층을 발굴하고 있었는데 이때도 화석의 소유를 놓고 분쟁을 일으켰다. 이들은 서로의 우선권을 가지고 논쟁을 주로 일으켰다.

1877년 봄 마시는 콜로라도 주 모리슨에 사는 교수로부터 거대한 척추 동물을 받았으며 거의 동시에 코프는 콜로라도 주 카논시티의 한 교사로부터 뼛조각을 받았다. 코프와 마시는 즉시 아직까지 발견된 적이 없는 육상 동물을 발견했다고 발표했다. 이들은 탐사대를 보내 대대적인 공룡 발굴을 시작하였다. 마시의 탐사대는 많은 것을 발견하였으며 코프가 1879년에 그곳에 왔을 때 코프를 다른 길로 유도하기 위해 온갖 방법을 다 썼다. 마시는 미국과학아카데미의 회장으로 선출되었으며 자신의 영향력을 이용하여 코프를 미국지질탐사협회로부터 축출했다.

코프는 마시에 대해 마시가 한 것으로 알려져 있는 여러 과학적 업적이 그에게 고용된 다른 사람의 것이라 주장했으며 특히 마시와 함께 작업을 했던 윌리스턴의 증언을 확보했다. 그러나 윌리스턴은 다시 자기의 주장을 번복하였다. 마시도 다른 사람을 내세워 코프를 반격하였다. 이들의 논쟁은 신문기사에 게재되었다. 「헤럴드」지의 1면을 장식했던 제목을 살펴보면 '과학자들 사이에 격렬한 전쟁이 일어나다' 1890년 1월 12일자 아침 신문이다. 그 다음 2주 동안 비난과 그에 대한 반론 기사가 계속 실렸다. 마시는 코프가 자신의 화석을 훔쳤고, 자신의 개인 작업실에 몰래 침입했으며, 심지어는 정신적으로 불안정하다고 공격했다. 마시는 자신을 비난하는 사람들은 머리만 큰 소인배들이라고 불렀다.

둘의 논쟁 결과, 마시는 아주 많은 일을 처리하지 않으면 안 되었는데 그 모든 일을 처리할 시간이 부족하였다. 마시는 결국 자기의 일을 완성하지 못하고 죽고 말았다. 마시가 죽은 후(1899) 그가 알고 있던 화석 기록 중 많은 것들을 다른 사람들이 재조사해야 했다. 코프도 마찬가지로 마시와 분쟁에 휘말리지 않았더라면, 아무 성과도 없는 광산 개발에 자신의 재산을 쏟아 붓는 모험을 할 필요가 없었다. 코프는 결국 자기의 집도 팔아넘기고 어렵게 살다가 1897년 죽고 말았다.

3. 글을 마치며

이들의 논쟁 속에서도 좋은 결과물들을 발견할 수 있다. 마시가 제안한 학명은 오늘날에도 여섯 종의 공룡 아목 중에서도 네 종에서 사용되고 있으며 진화가 진행되고 있는 일련의 말 화석들을 제시했다. 이들의 다툼은 후대의 많은 고생물학계 학자들에게 교훈을 주어 싸우지 않고 서로 협동하여 연구를 진행할 수 있는 토대를 마련해 주었다.

무엇보다도 행복한 결과는 두 사람의 선구적인 노력이 후세대의 연구를 위한 튼튼한 기초를 제공하였다는 것이다. 마시는 10년 동안 매주 평균 1톤 이상의 화석을 수집창고로 날랐으며 코프 역시 새로운 화석지대를 발견하고 많은 양의 화석을 수집하였다.

코프와 마시의 화석 발견과 그것에 대한 뉴스 그리고 박물관과 전시관에 완전히 복원된 형태로 전시된 뼈 등은 공룡에 대한 대중의 사랑을 폭발시키는 계기가 되었다. 코프와 마시는 티라노사우루스, 브라키오사우루스, 트라케라토스를 비롯하여 약 130종의 공룡을 발굴·연구하고, 특성을 기술하고 명명했다. 또한 코프의 법칙은 나온지 125년이 더 되었지만 고생물학에서 하나의 표준적인 조직 원리로 자리 잡았다. 이 법칙은 균류에서 고래에 이르기까지 모든 종은 시간이 지나면 몸집이 커지는 경향이 있다는 것이다.

요즈음 공룡에 대한 연구는 세계 각지에서 이루어지고 있다. 우리나라도 공룡에 대해 많은 화석이 발견되고 있다. 우리나라도 공룡의 활동무대였던 것이다. 공룡을 발견하고 분류하고 특성을 파악할 수 있는 토대가 바로 마시와 코프의 많은 연구에서 비롯되었던 것이다.

지나친 독설과 음모는 연구의 방향을 이상대로 이끌지만 선의의 경쟁은 더 많은 연구 성과를 낼 수 있음을 마시와 코프를 통해 알 수 있다. 학문에 대한 열정과 집념 만큼은 두 고생물학자에게서 배울 내용이다.

지질학이 진화론을 뒷받침하는 중요한 요소가 된 것이 바로 화석 연구이다. 지구의 신비를 밝혀내는 이 연구를 통해 우린 지구의 과거를 생생히 복원하게 되었고 우리가 사는 이 땅이 사람만의 것이 아님을 과거 역사를 통해 확인할 수 있었다.

마시와 코프는 논쟁을 통해 서로에게 많은 상처를 주었지만 지질학이 대중에게 친숙하게 접근할 수 있는 계기를 마련하였다. 스티븐 스필버그의 쥬라기 공원이 영화화할 수 있었던 것도 이들의 공로가 아닐까 여겨진다. 우리에게 친숙하게 다가온 공룡은 바로 많은 과학자들의 피와 땀으로 이루어진 것이다.

II. 인류편

1. 들어가며

지구 역사를 밝히는 기록과 단서들 중에서 화석으로부터 얻는 정보가 가장 많다고 해도 과언은 아니다. 생물의 몸체가 화석이 된 것을 '체화석'이라 하고 생물의 발자국 등 생활 흔적이 남아 있는 것을 '생흔 화석'이라 한다. 화석이 된 생명체는 거대한 공룡뿐만 아니

라 엄청나게 다양하다. 우리나라는 화석왕국이라 할 만큼 많은 화석
이 나온다. 특히 강원도 태백지역에서 많이 나온다.

지질학은 18세기가 되어서야 독립된 과학으로서의 체계를 갖추기
시작하여 19세기 초가 되어 활발한 논의가 이루어졌다. 그러하기에
18세기 초에 화석에 대한 생각은 그야말로 별다른 의미를 지니지 못
했다. 화석은 자연이 동식물을 만들려다가 실패한 것이거나 혹은 자
연의 장난 결과 우연히 생물의 형태를 닮게 된 것이라고 생각하는
사람이 많았다. 그러나 생물의 유해라는 생각을 하는 사람도 있었다.
소크라테스 이전의 그리스에는 콜로폰의 크세파네스가 있었고 르네
상스 시대에는 레오나르도 다빈치, 지롤라모프라카스트로 및 조르다
노 브루노 등이 있었다.

'인류의 기원'에 관한 논의는 인류가 세계 각지에서 등장했다는
'다지역 기원설'과 아프리카에서 그 시조가 발견된다는 '단일지역기원
설'이 경쟁을 벌이고 있다. 한때 유럽이 슬기사람(호모사피엔스)의 기
원지로 인식되었다. 선사인류의 화석이 유럽에서 발견되었기 때문이
었다. 그러나 1970년대 이후 아프리카와 아시아에서 인류화석이 발견
되면서 그 기원에 있어 많은 사람들의 관심을 불러일으키게 되었다.
인류의 기원과 진화에 대한 논의에서도 화석은 절대적인 역할을 하고
있다. 이 분야에서 리키가족과 조핸슨은 큰 업적을 남기고 있다.

2. 인류에 대한 논의

화석은 공룡에 대해 많은 정보와 추론을 가능하게 해 주었다. 뿐

만 아니라 진화론을 입증하는데도 화석은 그 일부분을 담당하고 있었다. 그러나 사람이 유인원으로부터 유래되었다는 생각은 여전히 논란의 대상이 되었다. 그래서 일부 과학자들은 인간과 유인원 모두의 조상인 미지의 다른 동물로부터 진화해 나왔다는 것이다.

이 생각에는 문제점이 하나 있었다. 인간이 진화해 온 계통선상에서 화석의 증거가 발견되지 않은 것이었다. 옛날 유인원과 현재 유인원에 대한 화석 증거는 일부 가지고 있으나 중간 단계에 대한 증거가 없었다. 이 잃어버린 고리는 인류 역사상 성배 다음으로 사람들이 찾으려고 가장 많이 애써 온 대상일 것이다.

찰스 다윈은 1871년, 인류의 기원은 아프리카에서 발견될 것이라고 예언했다. 1912년에 필트다운인은 발견되었다. 필트다운인은 큰 두뇌와 작은 턱을 가지고 있었다. 10여 년 후 레이먼드 아서 다트는 오스트랄로피테쿠스(남부유인원)를 발견하였다. 그러나 당시에 다트의 발견은 인정을 받지 못했다. 다트는 크게 실망하여 이 분야를 영원히 등지고 말았다. 필트다운보다 더 유인원에 가까웠기 때문이다. 1953년 필트다운인의 두개골이 사기극으로 드러났다. 이후 다트의 발견은 중요한 발견으로 인정을 받게 되었다.

리키는 1926년 인류의 화석을 찾기 위해 탄자니아 북단에 위치한 올두바이 협곡을 최적의 장소로 선택하여 탐사에 나섰다. 그는 어려움을 많이 겪었지만 그의 아내 메리의 도움을 받아 많은 화석들을 발견하였다. 1959년 마침내 인류의 화석을 발견하게 되었다. 리키는 이 화석을 인류 조상이라 기술하였다. 연대 측정 결과 175만 년의 것으로 밝혀졌다. 리키의 아들 리처드 리키는 아버지의 영향을 받아 화석 발굴을 하였는데 1972년 거대한 두개골을 발견하였다. 이것은 큰 두뇌를 가진 인류 계통의 조상으로 약 200만 년 전에 아프리카에 살았다. 야외 탐사 활동은 많은 돈을 필요로 한다. 리처드는 기름을 얻기 위해 대중 앞에 나서서 전시회를 개최하고 여기저기 강연도 하여 그들의 지원을 받아 자기의 연구를 계속할 수 있었다.

조핸슨은 리처드 리키의 추천을 받아 야외탐사 활동을 시작하였다. 그녀는 1974년 전체 골격의 40%에 이르는 화석 뼈들을 발견하였다. 연대는 300만 년 전 이상으로 추정되고 키는 겨우 105㎝였으며 사람과 비슷하였다. '루시'라는 별명이 붙은 이 화석의 발견으로 조핸슨은 리처드보다 더 빠른 속도로 고인류학계에 알려졌다. 이 발견으로 그동안 리처드가 쌓아 놓은 여러 인류 진화의 기원을 다시 써야 한다고 조핸슨은 주장하였다. 조핸슨은 루시와 '최초의 가족'을 진정한 인류의 조상으로 간주할 수 있는 가장 앞선 집단으로 자리를 매겼고 이는 잃어버린 고리가 되는 것이었다.

조핸슨은 리처드가 발견한 여러 인류 화석을 함께 넣어 인류의 계통을 밝혔다. 조핸슨과 리키가족의 논쟁은 1984년을 기점으로 리키가족이 탐사활동을 철수하면서 종료되었다.

고인류학자들이 안고 있는 어려운 문제 중의 하나는 인간이 무엇을 의미하는지 일반적으로 받아들여지는 확고한 정의가 없다는 것이다. 1980년대 초에 발견된 여러 화석들의 정황으로 인간의 두뇌 팽창은 아무리 빨라도 2, 300만 년 전에 일어난 것으로 드러났고 두발보행은 400만 년 전으로 거슬러 올라간다. 호미니드 계통에서 두 가지 주요 속인 오스트랄로피테쿠스와 호모는 그보다 더 앞선 조상에 수렴된다는 데에 양측의 견해가 일치한다.

유전학 기술이 발달됨에 따라 리처드 리키가 세운 가설처럼, 인간

계통과 유인원 계통이 최소한 500만 년 전에, 어쩌면 최고 700만 년 전에 갈라져 나갔다는 것을 시사하는 일부 분자유전학적 증거가 나왔다. 그러나 화석 기록은 그렇게 먼 과거까지 올라가지 않기 때문에 분자 유전학적 증거를 확인할 수 있는 길이 없다. 지금도 인류의 잃어버린 고리를 찾기 위해 많은 과학자들이 탐사활동을 하고 있다.

3. 글을 마치며

조핸슨과 리키의 잃어버린 고리를 찾기 위한 노력은 코프와 마시에 버금가는 열정이 있다. 아직도 완벽하진 않지만 화석 탐사를 통해 인류의 진화를 밝혀내고 있다. 이들의 탐사활동과 뛰어난 연구 능력을 토대로 상당히 많은 진보를 이루고 있다.

지질학이 진화론을 뒷받침하는 중요한 요소가 된 것이 바로 화석 연구이다. 지구의 신비를 밝혀내는 이 연구를 통해 우린 지구의 과거를 생생히 복원하게 되었다.

화석에 대한 여러 사람들의 노력은 지질학이 대중에게 친숙하게 접근할 수 있는 계기를 마련하였다. 스티븐 스필버그의 쥬라기 공원이 영화화할 수 있었던 것도 이들의 공로가 아닐까 여겨진다. 우리에게 친숙하게 다가온 공룡은 바로 많은 과학자들의 피와 땀으로 이루어진 것이며 우리 인류의 기원을 찾기 위한 노력 또한 마찬가지다.

제10장

과학영재 학습 프로그램 개발의 실제

Ⅰ. 서 론
Ⅱ. 본 론
   1. 제7차 과학과 교육과정의 내용 체계(지구과학영역)
   2. 초등 과학영재 학습프로그램 개발의 실제
Ⅲ. 결 론

Ⅰ. 서 론

과학영재를 잘 가르치기 위해서는 학생 수준에 맞는 프로그램이 개발되어야 한다. 현재까지 개발된 자료들의 특성을 살펴보고 개발하는 것도 의미 있는 일이 될 것이다. 프로그램을 개발하기 위해서는 먼저 과학 교육과정의 내용을 분석해보고 이를 토대로 영재 프로그램을 개발하여야 한다.

Ⅱ. 본 론

1. 제7차 과학과 교육과정의 내용 체계(지구과학영역)

과학과는 과학적 소양을 길러주는 교과목으로서 과학 탐구 능력, 과학의 기본 개념과 과학적 태도를 기르고 학습 내용은 지식(에너지,

물질, 생명, 지구 영역)과 '탐구 과정' 및 '탐구 활동'으로 구성된다.

제7차 교육과정에 제시된 과학과의 내용 체계 중 지구 영역 학년별 내용은 다음 <표 1>과 같다.

〈표 1〉 지구과학영역별 내용

학년	3	4	5	6	7	8	9	10
내용	• 여러 가지 돌과 흙 • 운반 되는 흙 • 둥근 지구, 둥근 달	• 별자리 찾기 • 강과 바다 • 지층을 찾아서	• 날씨 변화 • 물의 여행 • 화산과 암석 • 태양의 가족	• 계절의 변화 • 일기 예보 • 흔들리는 땅	• 지구의 구조 • 지각의 물질 • 해수의 성분과 운동	• 지구와 별 • 지구의 역사와 지각 변동	• 물의 순환과 날씨 변화 • 태양계의 운동	• 지구

2. 초등 과학영재 학습프로그램 개발의 실제

가. 삼부심화학습

삼부심화학습 활동을 위한 지구과학영역 프로그램을 제시하면 다음과 같다. 이 자료는 한국교육개발원(2000)에 처음으로 만든 과학영재프로그램이며 그 내용 구성은 아래 <표 2>와 같다.

1) 단계
총 3단계로 구성하여 1단계에서는 계획하기, 2단계 이해하기, 3단계 창의적 산출물을 제시하도록 하였다.

2) 활동명
1단계인 계획하기에서는 한 주제의 활동이 이루어졌으며 2단계 이해하기 단계에서는 4개의 주제 활동이 이루어졌고 3단계에서는 한 주제의 활동이 이루어졌고 각 주제 활동이 이루어지는 시간은 80분이었다.

3) 준비물

교사와 학생의 준비물을 나누어 준비하도록 하여 프로그램의 완성도를 높이고자 하였다.

4) 과제

과제를 제시하여 미리 학습할 내용을 인식하고 필요한 자료를 찾아볼 수 있도록 하였다.

5) 활동 1의 학습흐름

가) 전체 프로그램에 대한 소개 및 동기 유발

공룡은 4학년 2학기 과학 교과서에 등장한다. 그러나 교과서 이전에 공룡은 어린 시절부터 친숙하게 우리 생활 주변에서 만날 수 있다. 특히 만화나 영화에서 나타나는 공룡은 상상력을 자극할 만큼 대단한 발견을 보여 준다. 본 탐구 과제인 공룡에 대한 전반적인 내용을 설명하도록 한다.

공룡에 대한 탐색에서는 한반도가 공룡의 천국이었음을 통해 흥미와 관심을 높이도록 하고 공룡을 이해하는 활동을 통해 지금까지 밝혀진 공룡의 여러 신비함을 이해하도록 한다. 마지막 공룡 만드는 활동을 통해 지금까지의 공룡에 대한 이해와 앞으로 연구될 내용에 대해서도 과학적 상상력을 발휘하도록 한다.

```
◆ 유의점
```

- 매 차시의 수업 준비물을 확인하고 준비물을 잘 가지고 올 수 있도록 한다.
- 매 차시의 수업 끝에는 다음 시간을 위한 준비사항이 안내되어 있으므로 이를 확인하고 꼭 이행할 수 있도록 설명한다.

〈표 2〉 공룡 내용구성표

전개 단계	활동명	주요 내용 및 활동	준비물		과제	소요 시간
			교사용	학생용		
1단계 계획하기	활동1 한반도는 공룡의 천국	• 생활 속에서(영화, 만화, 장난감 등) 등장하는 공룡 알아보기 • 공룡 화석이 한반도에서 발견되는 지역 알아보기 - 각 지역의 공룡 관련 화석 내용 알아보기 • 한반도 공룡 발견 지역과 내용으로 신문 만들기	한반도에 발견되는 공룡 관련 화석자료(인터넷, 신문 자료) - 영화(쥬라기, 다이너소어) 테이프	- 필기도구, 학습장	- 한반도에서 발견된 공룡 자료 조사해 오기 - 공룡 관련 책 읽고 오기	1차시 (80분)
2단계 이해하기	활동2 공룡의 생김새	• 공룡의 생김새 알아보기 - 공룡 퍼즐을 맞추어 가며 공룡의 모습 살펴보기 - 육식공룡과 초식공룡의 특징 알아보기 - 공룡의 특징 조사하기	공룡퍼즐, 공룡 관련 서적	- 필기도구, 학습장, 공룡 관련 자료	- 공룡의 여러 종류 이름 알아오기	1차시 (80)분
2단계 이해하기	활동3 공룡의 종류	• 공룡 생김새에 따른 분류하기 - 용반류, 조반류 공룡 알아보기 - 용반류에서 용각류, 수각류 공룡 알아보기 - 조반류의 특징에 대해 알아보기 - 레소토사우루스류와 제나사우루스류의 특징 및 해당 공룡 알아보기 • 공룡을 시대에 따라 분류하기	공룡 분류표	- 필기도구, 학습장	- 파충류의 생활 모습 알아오기	1차시 (80)분
	활동4 공룡의 생활	• 공룡의 번식 및 새끼 키우는 방법 알기 • 공룡의 먹이 모습 알아보기 • 공룡의 의사소통 알아보기 • 공룡 마을 생각해 보기	공룡의 생활 모습 자료	필기도구, 학습장	공룡 멸종 이유 생각해 보기	1차시 (80분)
	활동5 공룡의 최후	• 공룡이 살아지게 된 이유 생각해 보기 • 공룡의 멸종 이론 알아보기 • 공룡의 멸종 가설 세워 보기	공룡 멸종 가설	필기도구, 학습장	만들 공룡 생각해 보기	1차시 (80분)
3단계 창의적 산출물	활동6 공룡의 출현	• 만들 공룡 그림으로 나타내기 • 철사를 이용하여 뼈대 만들기 • 찰흙을 이용하여 공룡 만들기 • 공룡의 이름 특성 설명하기 • 공룡시대의 자연환경 설명하기	학습지	찰흙, 철사, 털실, 물감, 니스, 색연필 등		1차시 (80분)

나) 활동안내와 학습목표 읽기

교사의 안내가 끝나면 학생들로 하여금 활동 안내와 학습 목표를 읽고 그 내용에 대해서 이야기하거나 질문하게 한다.

다) 학습 준비물 확인하기

이번 시간의 활동을 위해서, 학생들에게 필요한 준비물을 확인한다.

6) 본 활동

> ① 다음 공룡 영화를 보고 내용을 잘 살펴보도록 한다.

공룡 영화로 대표적인 것은 '쥬라기 공원 시리즈', '다이너소어' 등이 있다. 쥬라기 공원에서 등장하는 공룡에는 어떤 것들이 있는지 학생들에게 잘 살펴보도록 한다. 교사는 미리 영화에서 공룡이 가장 많이 등장하는 부분을 편집하여 보여 줄 수 있도록 한다. 영화에 대한 내용을 미리 학생들에게 알려 주고 핵심적인 부분만을 비디오로 보여 주는 것도 좋은 방법이 될 수 있다. 학생들이 공룡의 이름을 적고 공룡의 특징을 기록하도록 한다.

> ② 한반도의 공룡 발견 지역과 공룡 발견 화석에 대해 알아보자.

한반도는 공룡의 천국이라 할 만큼 많은 공룡들이 살았다고 한다. 한반도에는 어떤 공룡들이 존재했었는지 공룡 화석 발견 지역과 그 지역에서 발견된 화석은 어떤 의미를 갖고 있는지를 알아보도록 한다.

화석이 발견되는 지역과 그 지역에서 발견된 화석 발견 내용이 어떤 의미가 있는지 살펴보도록 한다. 이때 한반도에서 공룡 관련 화석이 발견된 지역을 설정하도록 하고 자료를 어떻게 수집하고 처리할지에 대해 생각해 보도록 한다. 조사한 내용을 토대로 조사보고서를 만들어 보도록 한다.

---

③ 한반도 공룡 조사 보고서를 통해 다음 질문에 답하시오.

한반도 공룡에 대하여 조사한 내용을 기초로 하여 세 가지 질문에 답하도록 한다. 질문에 답이 타당한지 자세히 듣도록 한다. 설명 내용이 부족하거나 타당하지 않을 경우에는 서로 보충해 주도록 한다.

7) 심화 활동

학생들이 한반도에서 발견된 화석 관련 내용을 가지고 공룡 신문을 만들고 서로 보여 주고 부족한 부분을 지적하거나 잘된 점은 칭찬해 주도록 한다.

8) 정리

• 한반도에 공룡이 많이 살았다는 것을 어떻게 알 수 있는가?

• 공룡 관련 화석이 발견된 장소는 어디인가?

• 공룡 관련 화석에는 어떤 것들이 있는가?

9) 학생용 활동(예시)

가) 활동 1: 한반도는 공룡의 천국

여러분은 '쥬라기 공원', '다이너소어'라는 영화를 본 적이 있는지? 이 두 영화에서 공통적으로 등장하는 동물에는 어떤 것이 있는가? 그래, 두 영화는 공룡을 소재로 하여 만든 영화이다. 쥬라기 공원에서 등장하는 많은 공룡들, 공룡들이 떼를 지어 뛰어다니는 모습을 보노라면 마치 우리가 공룡들을 피해 달아나는 주인공같이 아찔함을 느낀다. 이런 공룡들이 지구상에서 우리 인간이 태어나기 훨씬 이전에 살았단다. 우리가 사는 이 땅에도……

한반도에는 공룡들이 어떻게 살았는지 알아보자.

나) 학습 목표

• 한반도에서 공룡 화석이 발견되는 지역이 어떤 곳인지 알 수 있다.

• 한반도에서 발견되는 공룡 관련 화석에는 어떤 것들이 있는지 알 수 있다.

다) 준비물

필기도구, 학습장, 관련 도서, 공룡 영화 비디오

라) 본 활동

여러분들은 공룡에 대해 한두 번쯤은 접했을 것이다. 장난감, 책, 영화 등에서 다양한 모습을 하고 있는 공룡의 모습을 보았다. 심지어 그들의 울부짖는 소리도 말이다. 여러분이 알고 있는 공룡의 이름에 대해 발표해 보자.

마) 심화

공룡 화석이 발견된 한 지역을 설정하여 신문을 만들어 보자.

발견 장소, 발견 자료, 규모 등을 알릴 수 있도록 공룡 관련 내용을 소재로 하여 만들어 본다. 제목도 정하고 사진 자료 등 다양한 방법으로 나타내 보도록 한다. 한반도는 공룡의 서식지였음을 나타낸다.

나. 주제 중심 학습(대주제)

1) 달에 대한 주제를 가지고 만든 프로그램(예시)

가) 주제: 달 모양 탐사

나) 도입

달은 신앙의 대상이 되어 많은 사람들이 소원을 빌고 했던 천체이다. 우리나라에서『삼국유사』에 보면 연오랑과 세오녀는 해와 달의 정령으로 일신과 월신으로 믿은 기록이 남아 있다. 우리나라 전통 민속에서도 달맞이, 달집태우기 등 달을 통해 공동체 의식을 하기도 하였다. 또한『삼국사기』<의자왕조>에는 만월과 초승달을 국가의 성쇠와 연관시켜 예언한 예가 나오는데 땅속에서 나온 거북의 등에 "백제는 월륜과 같고 신라는 신월과 같다."는 글이 씌어 있어 무당에게 물어보니 무당은 "백제는 보름달이 되어 앞으로 기울 것이고 신라는 흥할 것을 뜻한다."라고 하여 실제로 백제는 그해 망하고 말았다.

다) 생각해 보기

(1) 옛날 사람들이 달과 관련하여 여러 가지 민속놀이를 한 까닭은 무엇 때문일까?

(2) 옛날 사람들의 생각이 지금의 과학적 사실과는 다른 점이 많이 있다. 이와 같은 것들을 우리들은 어떻게 받아들여야 할까?

라) 활동 1: 달 모양 관찰

☆ 활동 1. 다음 그림은 망원경이나 쌍안경으로 볼 수 있는 달의 모습이다. 달의 모습을 잘 관찰해 보자.

(1) 달의 모양에서 토끼와 계수나무를 생각해 내었는데 그런 모습을 볼 수 있는가? 있다면 어느 부분이 그러한

지 표시해 보자.

(2) 달을 우리 지구에서 볼 수 있는 까닭은 무엇 때문인지 설명해 보시오.

(3) 달은 항상 지구 쪽에서 한쪽 면만 볼 수 있다고 한다. 뒤쪽은 지구에서 볼 수 없다고 한다. 그 까닭은 무엇 때문인지 생각해 보고 토의해 보자.

(4) 이 사진에서 검게 보이는 부분과 밝게 보이는 부분이 있는데 이와 같은 것은 무엇을 의미할까? 설명해 보시오.

(5) 1610년 갈릴레이는 자신이 만든 망원경으로 달을 관측하여 달의 모양을 스케치하였다. 최초로 관측 도구를 이용한 달 관찰이다. 쌍안경이나 망원경을 이용하여 달을 관찰하여 스케치하여 보자.

☆ 활동 2. 달의 뒷면의 모습은 1959년 시작된 우주 탐사에 의해 밝혀지게 되었다. 달 앞면의 동쪽 가장자리와 크레이터가 많은 뒷면이 보이고 있다. 놀랍게도 달의 뒷면은 바다라고 부르는 평원이 많은 앞면과는 전혀 다른 모습을 하고 있다.

〈그림 1〉 달의 뒷면

(1) 달 뒷면에는 앞면과 다르게 크레이터가 많이 보이고 있다. 크레이터는 어떻게 해서 만들어진 것인가?

(2) 지구에서도 이와 비슷한 운석구가 발견되는데 달에서와 같이 많지는 않다. 달은 지구보다도 크기가 작은데 이와 같은 크레이터가 많이 발견되는 이유는 무엇일까?

(3) 다음은 달에 착륙한 두 우주인이 한 말이다. 왜 이와 같은 현상이 생겼을지 설명하여 보자.

하늘을 쳐다보니 하늘색이 푸른 것이 아니고 검게 보인다. 태양이 떠 있는데도 별들이 아주 똑똑히 보이며 그들은 전혀 깜빡이지 않는다. 지구에서 하늘이 파랗고, 낮에는 별을 볼 수 없는데…….

☆ 활동 3. 다음은 달의 위상이 변화되는 모습이다.

(1) 달의 위상이 변화되는 까닭은 무엇 때문일까? 그 이유에 대하여 설명해 보자.

(2) 아폴로 11호는 달 탐사를 위해 음력 6월 3일에 출발하여 음력 8일에 도착하였다고 한다. 이와 같이 출발한 까닭은 무엇 때문인지 토의해 보자.

(3) 달은 온도 차이가 크다고 한다. 해가 비출 때는 섭씨 100도까지 올라가고 밤에는 영하 150도까지 내려간다고 한다. 지구에서와는 달리 달의 기온 변화가 심한 까닭은 무엇 때문인가?

(4) 달이 지구를 가리는 현상을 일식이라고 한다. 위 달의

모양에서 일식이 일어나는 경우는 언제이고 왜 그렇게 생각하는지 말하여 보자.

다. 주제 중심 학습(소주제)

1) 주제: 천상열차분야지도
2) 활동1. 천상열차분야지도에 대하여 알아보자.

천상열차분야지도는 고구려시대 때부터 내려오던 천문도를 태조 4년에 완성하였는데 돌에다 해와 달, 별의 여러 모습을 나타내었다. 천상열차분야지도에 대해 알아보자.

천상열차분야지도는 옛날부터 내려오는 별에 관련된 여러 자료를 토대로 하여 만들어졌다. 어떤 과정을 거쳐 제작되었는지 조사하여 보고 이야기해 보자.

천상열차분야지도에 나타난 별자리 등에는 어떤 것들이 있는지 조사하여 보고 그 모습을 나타내 보자.

천상열차분야에 나타난 별자리 모습
천상은 천문현상을 뜻하는 것으로 해와 달, 별의 변화를 의미하며, 열차는 차례로 늘어놓았다는 뜻이며, 분야(分野)는 28수에 해당하는 말이다. 이 석각천문도에는 천문도뿐만 아니라 그 시대의 천문학, 즉 우주관·달과 태양의 운동·28수와 천문도의 유래·서운관에 대해서도 적혀 있다.

천상열차분야지도를 통해 알 수 있는 천문 내용에는 어떤 것들이 있으며 천상열차분야지도가 있음으로 해서 좋은 점은 무엇인지 토의해 보자.

Ⅲ. 결 론

과학영재 학생들을 대상으로 하는 프로그램 중 지구과학영역에 대해 살펴 보았다. 앞으로도 더 좋은 프로그램이 개발되어야 할 것이다. 또한 개발된 프로그램을 제대로 적용하기 위해서는 프로그램 유형 방법 등을 교사 연수를 통해 확대 보급 시켜야 한다.

앞으로 학생들의 흥미와 창의성을 자극할 수 있는 많은 프로그램이 개발되어 적용된다면 영재교육도 일단계 발전할 것이다.

제11장 |
초등 과학 부진아에 대한 논의

Ⅰ. 서 론
Ⅱ. 본 론
   1. 학습 부진아
   2. 과학 학습 부진에 미치는 요인
Ⅲ. 결 론

I. 서 론

해방 후 지금까지 우리 교육은 양적으로 급속한 팽창을 이루어왔으나 질적인 성장은 이에 미치지 못한 것으로 밝혀지고 있다. 이러한 급변하는 현대사회에서 우리 학교교육의 질이 곧 국가 발전의 원동력이 된다는 점을 인식하고, 우리 교육 수준을 향상시키려는 여러 정책과 방안들이 다양하게 제시되고 있다.

1960년대에 도입된 평준화 교육정책은 그 동안 학생 개개인의 소질과 능력에 알맞은 눈높이 교육과는 다른 측면에서 비판되어 왔으며, 이에 대한 보완책으로 국제중학교, 특수 목적 고등학교, 국제고등학교, 대안교육을 위한 각급 학교, 기숙형 학교, 중점학교 등의 학교의 다양성을 추구하고 있다.

이러한 대안들은 수월성 교육에 주안점을 두고, 교육의 기회 균등과 질 관리라는 측면에서 긍정적인 조치들이라고 평가할 수 있으나, 보통 학생들에 비하여 학교 수업에 어려움을 가지고 있는 상당수의 학생과 자신의 소질과 능력을 제대로 계발하지 못하고 있는 소위 학

습 부진아와 학습 지진아에 대한 근본적인 대안들은 아직까지 찾아
보기 힘든 실정이다.

우리 교육의 현장을 드러다 보면, 창의적 교육을 통한 사고력 신
장보다는 소모적인 주입식 사교육으로 인한 공교육의 왜곡과 과밀
학급, 교육 시설과 교구가 제대로 갖추어지지 않은 열악한 교육 환
경, 천편일률적인 암기 중심의 교수-학습 방법, 학교 교육과정 운영
의 경직성 등의 이유로 인하여 우리가 생각한 것보다 훨씬 많은 학
생들이 자기도 모르는 새에 학습 부진아로 내몰리고 있는 것이 오늘
날의 교육의 현주소이다. 이러한 교실 현장에 상존하고 있는 학습
부진아의 문제를 해결하지 않고는 우리 교육력을 높이는 데에는 한
계를 지닐 수밖에 없다.

그동안 그 적용 범위와 대상 과목에 있어서도 국어와 수학의 일부
교과목에 대해서만 지원해 왔으나 최근에는 사회, 과학, 영어 교과목
으로까지 확대되고 있는 추세이다. 학습 부진아에 대한 교육의 질적
향상을 위한 정책과 이에 대한 지원은 우리 사회 구성원의 화합과
국가 발전의 필수 요소로서 공교육을 통해서 반드시 해결해야 할 당
면 과제이다.

현재 과학 학습 부진아에 대한 판별과 교육은 일반적으로 학년 초
교육청에서 실시하는 기초 학력 진단평가를 통해서 이루어지고 있으
나, 부진아로 판별된 학생에 대한 원인 규명과 그에 따른 알맞은 프
로그램 적용은 사실상 찾아보기 힘든 실정이다. 대부분의 학교에서
는 학습부진의 책임을 학생 개인이나 부모의 탓으로 돌리는 경향이
있고, 교사는 정해진 학습 진도만 나가면 책무를 다하는 것으로 인
식하거나 평가자의 역할을 다했다는듯한 모습을 쉽게 찾아 볼 수 있

다(이환길, 2008).

초등 과학 학습 부진아가 발생하는 과정과 그 원인을 바르게 규명하기 위해서는 먼저 이들이 가지고 있는 생각과 부진아의 실태를 정확하게 파악하는 일로부터 시작된다. 또한 그들을 보통 학생들 수준으로 이끌기 위해서는 그들에게 알맞은 교수-학습 방법에 대한 심도 있는 연구와 함께 적절한 교육 프로그램을 개발하고 현장에 적용하여 그 효과를 검증하는 여러 연구들이 활성화되어야 할 것이다.

II. 본 론

1. 학습 부진아

학습 부진아는 정상적인 학교 학습을 할 수 있는 능력이 있으면서도 선수학습 요소의 결손으로 인하여 설정된 교육목표에 비추어 볼 때, 우리가 받아들일 수 있는 최저 학업 성취수준(minium acceptable performance level)에 도달하지 못한 학습자(한국교육개발원, 1989)로서, 이들은 계속되는 학습 실패를 경험함으로써 높은 좌절감과 열등감, 부정적 자아 개념이 형성되어 낮은 학습동기 수준을 나타내는 것이 일반적인 특징이다(김종현 외, 2003; 박성숙 외, 2007).

학습 동기는 지능 못지않게 학업성취에 많은 영향을 미치는 변인으로 학습동기의 결여는 학업성취에 부정적인 영향을 끼친다. 학습 동기는 일정한 목표를 성취하기 위하여 특정한 행동을 시도하여 지속시켜 나가는 내적 상태로 학습자의 정의적 특성이 인지적 특성과 상호 작용하면서 개인의 학습행동을 결정하는 원동력과 효율적으로 학습을 유지시켜 주는 주요 변인으로 작용한다(박귀자와 민천식, 2007).

일반적으로 학교에서는 새 학년이 시작되면 진단 평가를 통하여 학생의 수업 준비도를 종합적으로 점검하는 과정에서 학습 부진아를 판별하기도 한다. 이 과정에서 모든 학습 활동에 필요한 기초 능력으로 읽기, 쓰기, 셈하기 등의 기초 능력을 평가한다. 여기에서 일정 수준에 도달하지 못하게 되면 학습 부진아로 분류하여 각급 학교에서는 이들을 특별히 관리하고 있다(황석하, 2005).

학습 부진아들의 학습 부진 요인이 부모의 보살핌, 가정의 재정 형편, 신체적, 정신적 문제 등으로 인해 학습 결손이 발생한다는 연구 결과들을 고려한다면, 우리 헌법에서 보장하고 있는 교육의 평등권과 인간의 삶의 행복 추구권 차원에서 이들을 사회적 또는 교육적 측면에서 적극적으로 배려해야 하는 것이 국가의 책무이자 해결해야 할 당면 과제라 할 수 있다.

각급 학교에서 우수한 학생들을 대상으로 하는 교육에 대해서는 영재교육진흥법과 영재교육진흥법시행령을 제정하고, 전국의 시·도 및 대학 부설기관 형태로 수 백개의 영재교육원을 만들어 영재교육 대상자를 선발하고, 그들에게 영재교육을 실시함으로써 그 잠재 능력을 최대한 발휘할 수 있도록 행·재정적으로 지원하고 있으나 학습 부진아에 대한 지원은 이에 훨씬 못 미치고 있다(법제처, 2000, 2002).

2. 과학 학습 부진에 미치는 요인

초등 과학 학습 부진아의 배경 분석을 위해서 서울특별시에 소재하는 초등학교 4, 5, 6학년 학생을 대상으로 총 600명을 분석하였다.

이들 중 2009년 3월에 실시한 진단평가 결과에 따라 과학 점수가 22점을 기준으로 기준 점수에 도달하지 못한 학생을 과학 학습 부진아로 그렇지 않은 학생을 일반아로 나누어 비교 분석하였다.

본 연구에서 사용된 검사 도구로는 진단 평가검사, 과학 학습 부진아의 인식과 실태를 파악하기 위한 설문지와 부진아를 대상으로 한 인터뷰를 실시하였다. 이 중 본고에서는 설문지를 토대로 분석한 내용 중 유의미한 통계치를 보인 변인들을 싣고자 한다(권치순, 박병태, 유주선, 2010).

가. 부모님 생존 여부

과학 부진아에 대한 부모님 생존 여부는 부진아와 일반아에 있어 통계적으로 유의미한 차이를 보였다(P<0.05). 일반아의 경우 부진아보다 부모님이 계신 빈도가 더 높았다.

나. 부모님의 학력

일반아와 부진아의 아버지 학력을 보면 대학교 이상의 졸업이 일반아가 더 높게 나타나고 있다. 이는 아버지의 학력이 낮을수록 학생들의 과학 성적도 낮아지게 되는 경향이 있음을 보이고 있다. 어머니의 학력도 부진아와 일반아에 있어 통계적으로 유의미한 차이를 보였다. 일반아와 부진아의 어머니 학력을 비교해 보면 일반아의 어머니 학력이 부진아의 어머니보다 더 높게 나타남을 볼 수 있는데 이는 어머니의 학력이 과학 부진아에 영향을 주고 있음을 알 수 있다.

다. 과학 교과 흥미도

부진아와 일반아의 과학 교과목에 대한 흥미도에 있어 일반아가 긍정적인 경향을 보였으며 부진아와 일반아의 흥미도에서 통계적으로 유의미한 결과를 보이고 있다(P<0.01). 이는 이범홍 외(1984)의 연구에서도 정상아 집단이 부진아 집단보다 긍정적인 반응을 보인 것과 같은 결과를 보이고 있다.

라. 과학 관련 기관 방문 정도

과학 관련 기관 방문 정도가 과학 학습 부진에 미치는 영향을 살펴본 결과 부진아와 일반아 사이에 통계적으로 유의미한 차이가 있었다(P<0.01). 빈도수에 있어서도 일반아가 부진아에 비해 과학 관련 기관 방문 정도가 더 많은 것을 볼 수 있다. 정경아 등(2006)이 영재 학생들을 대상으로 설문한 결과에서는 여학생의 경험률이 남학생보다 유의하게 높은 것은 '동물원, 식물원, 생태서식지 등을 방문한 경험'으로 나타났다고 보고한 바 있다. 이와는 반대로 김수미 등(2005)의 연구에서는 남학생이 여학생보다 박물관 견학이나 과학관 탐방에서 더 높은 응답률을 보였다고 하였다.

마. 과학 실험 참여 정도

과학 실험 참여 정도가 과학 학습 부진에 미치는 영향을 살펴본 결과 부진아와 일반아 사이에 통계적으로 유의미한 차이가 있음을 보였다(P<0.01). 과학 실험에 적극적으로 참여하는 학생들의 빈도가 낮을수록 학습 성취도 낮음을 알 수 있다. 이는 협동학습 모형이 전통적인 수업에 비해 하위 집단에서 성취도 향상에 효과적이라는 연구 결과(John & John(1985), 노태희 외(1997), 강순자 외(1999))에서처럼 학습에 적극 참여해야 학업 성취도 높아짐을 알 수 있다.

바. 과학 평가 선호 유형

평가 유형에 있어 부진아와 일반아는 통계적으로 유의미한 차이를 보였다(P<0.01). 이는 부진아의 경우에는 객관식을 선호하는 비중이 일반아에 비해 높게 나타나고 있음을 보이고 있다. 일반 학생들은 평가에 대한 반응이 민감한 반응을 보였으나 학습 부진아들은 평가에 대한 반응을 보이지 못한 편이었다(이상원 2001). 면담에서도 부진아의 경우 단답식과 객관식을 선호했는데 간단하거나 부담이 없다는 이유로 선호하였다. 반면에 일반아는 서술형이 좋다는 의견을 보였다.

사. 과학 매체 시청 정도

과학 매체 선호 정도는 부진아와 일반아에 있어 통계적으로 유의미한 차이를 보였다(P<0.05). 이는 일반아들이 과학 TV프로그램이

나 과학 다큐멘터리 비디오 등을 보는 것을 좋아하며 이와 같은 성향은 과학 학업 성취도에도 영향을 끼침을 나타내고 있다. 박병태(2008)의 연구에서 일반아의 경우 남학생이 평균이 높았으며 성 차이가 나타났다(p<.05). 그러나 우수아의 경우 반대로 여학생이 평균이 더 높게 나타났으나 성 차이는 나타나지 않았다. 이는 이문원과 조희형(1985)의 연구에서 남학생이 여학생보다 과학 관련 잡지, 과학 관련 텔레비전 시청을 더 한다와 같았다. 박승재 외(2002)는 과학 선호도 증진 방안으로 TV와 같은 영향력 있는 매체에서 다양한 과학 관련 프로그램의 개발과 방영이 이루어질 수 있도록 과학 관련 인사들이 노력해야한다고 하였다.

아. 과학 관련 선물 선호 정도

과학 관련 책이나 실험도구를 선물로 받고 싶은지에 대한 조사에서 일반아와 부진아는 통계적으로 유의미한 차이를 보였다(P<0.01).

자. 동료와의 우월성 정도

위 표에서 보는 바와 같이 부진아와 일반아는 동료와의 우월성 정도에서 유의미한 차이를 보이고 있다(P<0.01). 정병찬(2002)은 학습우수아와 학습부진아의 자아개념 비교 분석에서 학습우수아들은 학습부진아들에 비해 높은 자아개념을 가지고 있다고 하였다. 이상과 같은 부진학생들의 낮은 자아감을 높이는데 있어서 최주성(2003)은 집단상담놀이가 초등학교 학습부진아의 자아개념 증진에 미치는 영향에서 집단 상담놀이가 학습부진아의 학업성취도 향상에 효과가 있

다고 보고하였다.

Ⅲ. 결 론

과학 학습 부진아에 대한 인식 조사에서 부모님 생존 여부와 부모님의 학력, 과학 교과의 흥미도, 과학 실험 참여 정도, 과학 평가 선호 유형, 과학 관련 기관 방문 및 과학 매체 선호 정도, 동료와의 우월성 정도에서 유의미한 차이를 보이고 있다. 이는 앞으로 과학 학습 부진을 지도하는데 있어 염두에 두어야 할 부분이다. 학생들에 맞는 과학 프로그램과 상담 등과 같은 심리 프로그램이 함께 병행되어야 함을 시사하고 있다. 또한 부진아의 학습 과정에서의 문제점을 좀 더 심층적인 연구가 이루어져 부진아를 도와줄 수 있는 방안이 모색되어야 할 것이다.

제12장 |

과학과 **수준별 교육과정** 운영

Ⅰ. 서 론

Ⅱ. 본 론

    1. 수준별 교육과정

    2. 수준별 교육과정 기준

    3. 과학과 교과 목표

    4. 과학교과와 과학학습

    5. 수준별 교수-학습 지도안

    6. 현 교육과정 적용에 대한 평가

Ⅲ. 결 론

Ⅰ. 서 론

현대는 과학이 급속도로 발전하고 있다. 과학 교육의 수준이 바로 국가의 장래를 연관 짓는 중요한 요소이다. 이러한 중요성은 교육과정에도 반영되고 있다. 교육과정은 그 시대의 사회적 요구, 교육철학, 학문과 문화를 반영하는 살아 있는 국가의 교육 청사진이라 할 수 있다. 교육과정을 구성하는 방향과 원리는 국가의 정책과 학자의 견해에 따라 차이가 있을 수 있으나 과학 교과에서 볼 때 과학 내용은 과학 교육의 목표를 실현시킬 수 있도록 내용의 선정과 조직이 이루어져야 한다는 데에는 대체로 의견이 일치하고 있다(최성희·권치순. 2006).

과학 교육은 과학·철학·심리학·교육학 등의 신조에 따라 다른 의미로 정의된다. 과학 교육은 넓은 의미로 과학에 관한 지식과 태도의 교육 또는 현상을 과학적으로 관찰하여 처리할 능력을 양성하는 교육이다(조희영·최경희, 2005).

우리나라의 교육과정은 8·15 광복 이후에 시작되어 1954년 4월에 주당 배당 기준표가 새로 제정·공포되었으며, 그 이듬해에는

‘교과 과정’이 제정·공포되었다. 이후 1963년에 제2차 교육과정이 발표되어 과학은 물리·화학·생물·지학을 학년에 균형 있게 배열하였다. 제3차 교육과정은 학문중심교육사상의 영향을 받아 개정되어 기존의 교육과정에서보다 생활과학을 줄이고 과학적 기본개념의 구조화, 기초원리, 과학적 탐구 방법, 응용능력 등을 강화하였다. 제4차 교육과정(1981～1987)에서는 제5공화국의 출범에 때를 맞춘 교육과정으로 과학을 다루는 자연 과학은 초등학교 3학년 때부터 이수하도록 편성하였다. 제5차 교육과정(1987～1992)은 사회적 변화와 학문적 발달에 부응해야 한다는 이유보다 교육과정이 너무 오래되었다는 이유만으로 개정되었다. 초등학교 교육과정에서는 3학년 때부터 자연 과목을 3～4시간 이수하도록 되었다. 제6차 교육과정(1992～1997)에서도 과학은 초등학교 3학년 때부터 3～4시간 이수하도록 하였다. 제7차 교육과정(1997～현재)에서는 과학이 초등학교 3학년에서 6학년까지 3시간 이수하도록 되었다. 제7차 교육과정에서는 수준별 교육과정을 도입하여 학생들의 개개인에 맞는 수준별 학습이 실시되도록 하였으나, 실제적으로는 어려움이 많았다.

Ⅱ. 본 론

교육과정은 여러 가지 의미로 정의되고 있으며, 과학 교육에 적절한 교육과정의 내용도 확인되지 않은 상태이다. 더욱이 과학 교육 현장에서는 과학 교육과정의 의미, 기능, 필요성 등이 규명되지 않은 채, 그 내용, 교수-학습 방법, 평가 등에 관한 지침만이 제시되고 있다(조희영·최경희. 2005).

1. 수준별 교육과정

2000년부터 적용된 제7차 교육과정은 "학생의 학습 능력과 학습의 요구에 대응하는 교육기회를 다양하게 제공할 수 있으며, 자기 주도적인 개별화 학습 기회를 제공하고, 교육의 수월성을 추구할 수 있다."(교육부, 1997)는 필요에 부응하여 수준별 교육과정을 도입하였다.

수준별 교육과정은 학생들의 능력, 적성, 필요, 흥미에 대한 개인차를 최대한 고려하여 교육과정의 차별화, 다양화를 기함으로써 학생 개개인의 성장 잠재력과 교육의 효율성을 극대화하고 나아가 자주적 생활 능력과 평생 학습의 태세를 갖춘 유능한 민주 시민을 양성하는 데 그 목적이 있다(교육부, 1997).

수준별 교육과정은 학생의 능력을 고려한 다양한 교육 방법의 적용으로 교육의 질을 높이고자 하는 의도가 있다.

2. 수준별 교육과정 기준

제7차 교육과정에서는 교육의 과정과 결과의 질적 수준을 유지 관리하고, 국가 수준의 공통성과 지역, 학교 및 개인 수준의 다양성을 동시에 추구하는 등 교육과정 운영의 효율화를 위해 교육과정 편성·운영의 역할 분담 체제를 개선하여 운영하도록 하였다.

초등학교에서의 수준별 교육과정의 유형은 비교적 학습 내용의 위계가 분명한 교과를 단계별로 세분화한 '단계형 수준별 교육과정'과 기본 학습 내용을 중심으로 심화 학습 또는 보충 학습이 가능하도록 하는 '심화·보충형 수준별 교육과정'의 두 가지로 구분한다.

가. 단계형 교육과정

단계형 교육과정은 교과의 내용 요소 간의 위계가 비교적 분명하고 교수·학습의 과정에서 학습자의 이전 학습에서의 결손이 이후 학습에 큰 영향을 미칠 것으로 예상되는 교과에 적용한다. 즉 각 하위 단계(한 학기)의 말에 평가를 받아서 일정한 수준 이상이 되는 학생만 다음 상위 단계로 진급하도록 하는 교육과정을 말하나 교과로서는 수학 및 중등학교 영어과가 이에 속한다.

나. 심화 보충형 교육과정

심화 보충형 교육과정은 내용 요소 간의 위계가 비교적 분명하지 않은 교과에 적용한다. 학생의 능력 또는 흥미에 따라 학습의 깊이와 폭을 달리할 수 있도록 구성하되, 학년별로 편성 운영하는 것을 원칙으로 한다. 다시 말해서 같은 학년 학생들의 진도를 똑같게 유지하되, 학생의 능력 또는 흥미에 따라 학습의 깊이와 폭을 달리할 수 있도록 운영하는 교육과정을 말하는데 여기에 적합한 교과목은 국어, 사회, 과학, 초등학교 영어과가 이에 속한다.

심화 보충형은 교육과정의 내용 차별화를 통해 수준별로 개별화된 학습을 가능하게 하는 것이다. 따라서 교육과정 자체가 차별적으로 편성되어야 한다. 심화와 보충의 의미는 학습 내용이다. 따라서 심화 과정과 보충 과정 사이에 나타나는 수준 차는 동일한 범주의 교과 내용(기본과정)을 학습하는 학습자들 간에 나타나는 학습 능력의 차이를 의미한다. 즉 일정한 학년에서 심화 과정과 보충 과정의 차이는 동일한 학습 내용과 범주하에서 요구되는 학습 능력의 수준을 차별화한 것이다.

심화 과정과 보충 과정의 편성과 운영은 기본 과정을 공통으로 하면서 심화 과정과 보충 과정을 하위 과정으로 편성 운영한다. 과학과의 경우는 기본 과정을 A라 하면 심화 과정은 A'이고 보충 과정은 a'이다.

| 기본 과정(A) | 심화 과정(A') |
| | 보충 과정(a') |

기본 과정을 공통적으로 학습한 후 심화 및 보충 과정의 배치는 원칙적으로 국가 수준 또는 교육청 수준에서 마련한 절대 기준 평가 방식의 80% 수준에 도달한 학생을 배치할 수 있다. 즉 80%에 도달하지 못한 학습자는 보충 과정으로, 80%에 도달한 학습자는 심화 과정에 배치한다. 그러나 획일적인 원칙 적용의 경우 부작용이 우려되므로 본인, 부모, 교사 등의 판단에 따라야 한다.

과학과의 심화, 보충형 수준별 교육과정은 학년별로 공통으로 적용되는 기본과정을 두고, 하위과정으로서 보충과정과 심화과정을 두도록 하고 있다. 이때 기본과정은 모든 학생들이 기본적으로 알아야 할 교과내용을 중심으로 편성하고, 하위과정으로서 보충과정은 기본 과정의 성취도가 떨어지는 학생들이 추가적인 학습을 통해 기본과정 을 충분히 이해할 수 있도록 교육과정을 편성하며 심화과정은 성취 도가 높은 학생들이 기본과정을 심화할 수 있게 교육과정을 편성하 도록 하고 있다(서울특별시 교육청, 2002).

보충과정에서는 일반적으로 기본과정에서 제시된 탐구활동의 이해 를 돕기 위해 보다 단순하고 수준이 낮은 학습활동 과제를 제시하는 것이 좋으며 과학적 개념이나 용어 및 학습활동 과제에 대하여 자세 한 안내가 필요하다. 대부분 기본과정에서 주어진 과제를 제대로 수 행하지 못하는 경우는 기본과정에서 제시한 과제가 무엇인지 그리고 무엇을 하라는 것인지 또 어떻게 하라는 것인지 제대로 이해하지 못 하는 데 원인이 있기 때문이다. 기본과정을 충분히 이해하지 못한 학생들은 다시 한 번 기본과정에 준하는 내용을 학습함으로써 기본 과정을 완전히 이해하도록 돕는 것이 보충과정의 목적이다. 또한 보 충과정을 통해서 이해하지 못한 학생은 시간적 여유가 있다면 다시 기본과정으로 갈 수 있으나 여유가 없을 시는 보충과정을 마침으로 써 수업을 끝내도록 해야 한다.

심화과정은 기본과정에서 제시된 내용보다 어려우면서도 탐구력을 신장할 수 있는 내용을 제공하는 것이 좋을 것이며 초등학교 고학년 인 경우 컴퓨터를 통한 ICT학습이 가능할 것이므로 인터넷을 통한 웹사이트를 찾아 조사하는 방법을 통하여 문제를 해결할 수 있을 것 이다.

3. 과학과 교과 목표

제7차 교육과정에서는 초등학교 과학교과의 성격을 "기초적인 과학적 소양을 기르기 위하여 자연을 과학적으로 탐구하는 초보적인 능력과 기본적인 과학 개념을 습득하고 올바른 과학적 태도를 기르기 위한 교과"로 규정하고 있으며 그 내용은 다음과 같다.

자연현상과 사물에 대하여 흥미와 호기심을 가지고, 과학의 지식 체계를 이해하며, 탐구 방법을 습득하여 올바른 자연관을 가진다.

(1) 자연의 탐구를 통하여 과학의 기본 개념을 이해하고, 실생활에 이를 적용한다.

(2) 자연을 과학적으로 탐구하는 능력을 기르고, 실생활에 이를 활용한다.

(3) 자연현상과 과학학습에 흥미와 호기심을 가지고, 실생활의 문제를 과학적으로 해결하려는 태도를 기른다.

(4) 과학이 기술의 발달과 사회의 발전에 미치는 영향을 바르게 인식한다.

4. 과학교과와 과학학습

과학과는 주위의 사물이나 자연현상에 대하여 관심과 흥미를 가지고 탐구하게 함으로써, 과학의 기본지식을 체계적으로 이해시키고, 창의적인 사고력과 합리적인 판단력을 기르게 하며, 일상생활에서 일어나는 문제를 과학적인 방법으로 해결하려는 태도와 능력을 기르는 교과이다.

과학과 학습에서 다룰 내용은 주로 과학지식과 과학적 탐구 과정이며, 과학이 기술의 발달과 사회의 발전에 미치는 영향까지도 대상이 된다. 과학과 학습은 탐구과정을 통하여 주요 사실, 개념 등의 지식을 얻기 때문에 탐구활동은 중요시해야 한다. 학생들의 지적 발달을 고려하여 추상적인 언어를 통한 학습 지도보다는 구체적인 사물이나 현상의 관찰, 조작화동 및 경험을 토대로 과학과 학습이 이루어지도록 하며, 일상생활에서 일어나는 문제를 스스로 발견하고 연구하려는 태도가 길러지게 해야 한다. 또 학습지도에서는 단편적인 지식의 전달보다는 기본개념을 유기적이고 통합적으로 이해하도록 하며, 아울러 개방성, 창의성, 증거존중 및 협동심을 기르는 데 주안점을 둔다.

창의력 신장을 위한 교수 학습방법에는 다양한 방법이 있다. 매우 중요한 것은 교사들이 과거와 같은 교과서 관을 가지고 학습에 임했을 때 창의력을 신장시키기 위한 아이디어를 활용하기 힘들다는 것이다. 적어도 과학수업을 준비하려면 교육과정상에서 제시된 중요한 목표와 탐구활동을 중심에 둔 상태로 각종 교과서를 참고하여 교재를 재구성하여 가르치고 필요할 때에는 언제든지 신문자료나 각종 참고자료를 활용할 수 있어야 한다. 여러 창의적인 수업 아이디어를 적용하기 위해서는 특히 학교현장에서 평범한 실험중심으로 수업을 하기보다는 관찰경험학습, 발견학습, 일반적인 탐구학습은 물론 순환적 과학 탐구학습 등을 해야 할 것이며 여기에 필요한 영역에 브레인스토밍 방법, 문제해결 기법 등 창의적인 여러 방법을 도입해야 한다.

5. 수준별 교수-학습 지도안

가. 가설검증교수-학습지도안

학습주제	열에 의한 공기의 부피 변화		차시	4/6	차시	교과서 56-58 실험관찰 37-38
학습목표	* 공기를 가열할 때와 식힐 때, 공기의 부피 변화를 관찰할 수 있다.					

학습 단계	교수-학습 활동		시량	학습자료 및 유의점
	교사	학생		
문제 파악 문제 추구 및 해결	□ 전시 학습 상기 • 물을 가열할 때와 식힐 때, 물의 부피 변화는 어떻게 되는가? □ 본시 학습 주제 인식 • 차시 도입 만화를 읽고, 마술사가 병 입구의 비누막을 부풀게 하기 위해 어떻게 하였을까? • 선생님이 빈 병에 동전을 놓고 실험하는 장면을 본 후 동전이 어떻게 되는지 살펴본다. ◑ 학습 문제 확인	• 물을 가열하면 부피가 늘어난다. • 물을 식히면 부피가 줄어든다. • 병 속에 무언가를 넣었을 것이다. • 병 속에 바람을 넣었을 것이다 등등 • 딸각거리며 움직였다.	5'	VCR 빈병(페트병) 동전, 스카치테이프
	공기를 가열하면 어떻게 될까?			
학습안내 가설설정	□ 학습 안내 * 기본활동: 공기를 가열할 때와 식힐 때 고무풍선의 변화 관찰 * 보충활동: 물이 관을 따라 이동한 까닭은? * 심화활동: 메추리알을 삼키는 페트병 □ 가설 설정 공기를 가열할 때 공기의 부피는 어떻게 될까? 공기를 식힐 때, 공기의 부피는 어떻게 될까?	 • 늘어난다, 줄어든다, 커진다 등 • 늘어난다, 줄어든다, 작아진다 등	3' 2'	파워포인트 파워포인트

학습 단계	교수–학습 활동		시량	학습자료 및 유의점
	교사 활동	학생 활동		
실험 설계	□ 실험 계획 세우기 공기를 가열하거나 식힐 수 있는 방법에 대해 이야기해 보자. • 모둠별로 토의를 통해 실험 계획을 세운다. • 실험 계획을 발표하도록 한다.	− 공기를 가열하는 방법: 빈 페트병을 따뜻한 물에 담근다. − 공기를 식히는 방법: 빈 페트병을 찬물이나 얼음물에 담근다. − 빈 페트병의 입구를 풍선으로 막는다. − 빈 페트병을 뜨거운 물에 담가 변화를 관찰한다.	5'	학생들의 역할 분담이 다 이루어지도록 한다. 뜨거운 물, 얼음물, 비커, 페트병, 풍선
실험	• 실험 계획을 세운 대로 실험을 하도록 한다. * 기본 활동에 대한 실험을 한다.	− 빈 페트병을 얼음물에 담가 변화를 관찰한다.	12'	뜨거운 물에 화상을 입지 않도록 주의
가설 검증	* 실험을 통해 확인하고 실험 관찰(37)에 기록하도록 한다. * 뜨거운 물에 페트병을 넣었을 때, 고무풍선은 어떻게 되었는가? * 얼음물에 페트병을 넣었을 때, 고무풍선은 어떻게 되는가?	− 고무풍선이 팽팽해진다.		실험 결과를 확인하도록 한다.
심화 보충 활동	* 모둠별로 보충 활동과 심화 활동을 하도록 한다. * 보충 활동 모둠은 교사와 함께하도록 한다. * 보충 활동: 물이 관을 따라 이동한 까닭은? * 심화 활동: 메추리알을 삼키는 페트병	− 고무풍선이 납작해진다. * 학습지를 보며 실험 방법에 따라 실험하도록 한다.	8'	공기의 부피 변화에 대해 이해가 된 모둠은 심화 활동으로, 그렇지 못한 모둠은 보충활동을 하도록 한다. 보충 학습지, 심화 학습지

학습 단계	교수-학습 활동		시량	학습 자료 및 유의점
	교사 활동	학생 활동		
정리	* 학습지의 활동 안내에 따라 실험을 하도록 한다. * 열에 의한 공기의 부피 변화를 모둠별로 이야기해 보자. 공기를 가열할 때 공기의 부피는 어떻게 될까? 공기를 식힐 때, 공기의 부피는 어떻게 될까? 선생님이 빈 병을 감쌌을 때 동전이 딸각거린 이유는 무엇인가?	* 실험을 모둠별로 한다. - 공기의 부피가 늘어난다. - 공기의 부피가 줄어든다. - 공기의 부피가 늘어나서이다.	5'	스텐드, 클램프, 둥근바닥 플라스크, 수조, 고무마개 ㄱ자 유리관, 투명한 비닐관, 비커, 색소 페트병, 매추리알 화상에 입지 않도록 뜨거운 물을 조심스럽게 다룬다. 파워포인트 VCR
차시 예고	다음 시간에는 우리 생활에서 열에 의한 물체의 변화를 이용한 예에 대해 공부하도록 하겠다.			

본시 평가 계획

평가 관점	척도
(1) 실험 계획을 바르게 세워 실험하는가?	2, 1, 0
(2) 공기를 가열할 때와 식힐 때 부피 변화를 바르게 관찰하고 기록하는가?	2, 1, 0
(3) 실험 활동에 적극적으로 참여하는가?	2, 1, 0

나. 발견 수업 교수 - 학습 지도안

학습주제	화석 관찰하기		차시	4/5	교과서 36 - 37 실험관찰 23 - 24

학습목표
* 동물 화석과 식물 화석을 구분할 수 있다.
* 화석의 정의를 이해하고, 화석과 화석이 아닌 것을 구분할 수 있다.

학습 단계	교수 - 학습 활동		시량	학습자료 및 유의점
	교사	학생		
탐색단계	▶ 도입 공룡이 나오는 영화를 본 적이 있는지? 공룡은 지금 살고 있는가? * 여러 가지 화석을 제시하고 자유롭게 화석에 대해 연상되는 것을 발표한다. * 여러 종류의 화석이나 화석 사진을 관찰하고 오늘날 볼 수 있는 생물의 생김새와 비교하여 발표한다. * 동물 화석과 식물 화석을 구분하여 본다.	• 쥬라기 공원을 본 적이 있다. • 살고 있지 않다. • 나뭇잎이다. 물고기 모습이다. 성게 모습이다. • 오늘날의 생물과 비슷하다. • 화석과 오늘날 살고 있는 생물이 동물인지 식물인지 구분하여 구별한다.	15,	VTR 자료 다양한 종류 의 화석
개념 도입 단계	* 교과서 36~37쪽을 보고 화석이라고 생각되는 것과 화석이 아니라고 생각되는 것 구분하기 * 화석이란 무엇인지 발표한다.	• 전부 화석이다. • 생물이 살았던 흔적이다. • 옛날에 살았던 생물이 죽어서 유해나 그 흔적이 지층 속에 남아 있는 것을 화석이라 한다.		

학습 단계	교수−학습 활동		시량	학습자료 및 유의점
	교사 활동	학생 활동		
개념 적용 단계	* 화석과 화석이 아닌 것 구분하기 * 실험 관찰 24쪽을 보고 화석인 것과 화석이 아닌 것을 구분하여 발표한다.	• 화석이 아닌 것: 토기, 고인돌, 진흙에 난 신발 자국 • 화석: 그 외 다른 것들 • 화석이 아닌 이유: 옛날에 살았던 생물의 유해가 아니기 때문에	15'	학습 활동이 끝난 학생은 선생님께 평가를 받은 후 다음 활동을 한다.
심화 · 보충 학습 프로그램	심화활동 화석 신문 만들기 보충활동 화석이야기		10'	
차시예고	* 다음 시간에는 화석 모형을 만들어 보겠다.			

본시 평가 계획

평가 관점	척도
(1) 화석의 정의를 바르게 이해한다.	2, 1, 0
(2) 화석인 것과 화석이 아닌 것을 정확히 구분한다.	2, 1, 0
(3) 관찰 활동에 적극적으로 참여하는가?	2, 1, 0

다. STS 학습 모형 교수-학습 지도안

학습주제	동물이 사는 곳과 생활 방식		차시	4/6	교과서 12-13 실·관 7-8
학습목표	* 공기를 가열할 때와 식힐 때, 공기의 부피 변화를 관찰할 수 있다.				

단계	학습과정	교수·학습 활동		시간	자료 및 유의점
		교사 활동	학생 활동		
문제로의 초대	도입 심화·보충 학습 프로 그램 학습 문제 확인	* 우리 주위에 살고 있는 동 물들이 점점 사라지고 있 다. 그 이유는? * 멸종된 동물이야기 * 동물이 점점 사라지는 내 용의 읽을거리	- 환경 오염으로 동물 이 사라지고 있다.	10'	VTR 자료 학습지
탐색	정보 수집 (자료 확인) 학습 활동 안내 자료 분석	* 여러 동물이 사는 곳을 발 표한다. - 어류, 포유류, 파충류 등 * 동물이 사는 곳에 따라 생 활방식은 어떠한지 알아보자. * 사는 곳에 따라 어떤 동물 들이 있는지 조사한다. * 하늘, 땅위, 땅속, 물가, 물 속에 사는 동물들을 분류 한다. * 분류된 동물들끼리 묶어 보고 공통점을 찾아본다. * 사는 곳에 따라 동물의 종 류, 생김새, 특징이 어떠한 지 토의하고 정리한다.	- 땅속, 바다, 숲속, 물 가 등 - 하늘, 땅 위, 땅속, 물 속, 물가 등에 사는 동물들을 발표한다. - 땅 위: 소, 사자, 닭, 개구리, 곰 등 특징: 땅 위를 기거나 뛰기에 알맞은 다리가 발달했다.	10'	동물카드 모둠별로 다양한 자료 를 모은다. 아는 동물 은 자료 없 이 제시하 여도 무방 하다

단계	학습과정	교수-학습 활동		시간	자료 및 유의점
		교사 활동	학생활동		
설명 및 해결방안 제시		* 정리된 내용을 발표한다. * 사는 곳에 따라 동물의 생활방식은 어떠한가?	− 땅속: 두더지, 지렁이 등 특징: 땅속을 움직이기에 알맞게 몸이 길고 매끈하다. − 물속: 붕어, 미꾸라지, 오징어, 연어 등 특징: 물속을 헤엄치기에 알맞게 몸이 유선형이다 등 − 사는 곳에 맞게 몸이 적합하게 몸이 발달해 있다. − 사는 곳에서 먹이를 구하기 쉽게 입, 발, 몸 등이 발달해 있다.	10'	
실행	아이디어 개발	* 동물을 잘 보호하기 위해서는 어떻게 해야 하는가? * 여러분이 자라서 과학자가 된다면 동물 보호를 위해 어떤 일을 하겠는가?	− 동물이 적응하여 사는 서식지를 보호해야 한다. − 환경이 오염되지 않도록 해야 한다 등 − 환경을 깨끗이 하는 물질을 만들겠다. − 동물을 감시하는 기계를 만들겠다 등		

6. 현 교육과정 적용에 대한 평가

제7차 교육과정이 적용된 지 6년이 지나고 있으며 각계각층으로부터 비판이 제기되고 있으며 구체적으로 현 교육과정의 개선의 필요성을 제시하면 다음과 같다(한국교육과정평가원, 2005).

첫째, 2000년부터 초·중·고등학교 현장에 적용되어 온 제7차 과학과 교육과정은 심화·보충형 수준별 교육과정 운영의 한계, 10 학년 과학의 이수 단위 수 부족, 이공계 기피 등 교육과정 안팎에서 드러난 크고 작은 문제들이 노정되어 왔다. 특히 과학 개념 이해를 위해서는 최소 필수 이수 단위를 확보해야 하지만, 그렇지 못한 결과로 학습 결손이 누적되어 결국에는 학생들의 이공계 기피로 연결되었다.

둘째, 미래 지식기반 사회에 대비한 과학 인재를 양성해 낼 수 있도록 과학과 교육과정의 목표 및 내용 구성에서 개선이 요구된다. 미래 지식 기반 사회에서 과학 교육의 방향이나 기업체에서 요구하는 인간상을 분석한 결과 가장 중요한 요소는 창의적 문제 해결 능력을 가진 인간 양성인 것으로 확인되었다. 따라서 과학과 교육과정에는 창의적 신장을 과학 교육의 목표에 포함시키는 것이 무엇보다 중요하다. '창의성 신장'은 미래 사회뿐만 아니라 현대 사회에서도 반드시 필요한 중요한 능력으로 간주되고 있는데, 과학은 창의성 신장을 위한 매우 효과적인 학문 분야이기 때문이다.

셋째, 창의력 신장과 함께 과학 교육 내용으로 실생활 관련 주제가 더 많이 도입되어야 한다. 미국 과학교사협의회인 NSTA에서 강조하는 '적을수록 좋다'는 주장은 적은 주제를 다루어 학생이 깊게 이해할 수 있도록 하는 것이 좋다는 의미이다. 따라서 차기 과학과 교육과정에서는 많은 지식을 제공하기보다는 주요 개념을 중심으로 탐구를 통해 깊이 있는 학습이 가능하도록 학습내용을 정교하게 구성할 필요가 있다.

제7차 교육과정의 문제점을 구체적으로 살펴보면, 1) 편제 및 과학 시수 대폭 감축 문제, 제6차에 비해 초등학교도 주당 1시간이 부족하여 탐구 수업을 하기에 시간이 부족하다. 2) 초등학교 '슬기로운 생활' 교과서의 정체성 문제, 사회과와 통합되어 초등학교 저학년의 과학은 그 정체성을 상실한 채로 현재에 이르고 있다. 3) 내용 구성 및 연계의 문제로 먼저 지식체계에 있어 저학년은 현상중심, 고학년은 개념 중심의 주제를 도입함으로써 저학년에서는 한 주제에 대한 집중도가 오래가지 못하므로 영역 수는 많게 하고 그 크기는 작게 하였고 고학년으로 갈수록 점진적으로 영역 수는 감소하고 그 크기는 증가시키도록 하여 문제가 발생한다. 가) 학년과 무관하게 과학의 4영역별로 1/4 균등분배, 나) 소영역 또는 주제의 세분화로 인해 학생과 교사 모두 어려움을 호소하였다. 다) 내용의 중복, 초·중·고등학교에서 반복해서 다루어 중복의 문제가 제기되고 있다.

이러한 현 교육과정 개선의 필요성에 따라 차기 과학과 교육과정 개정의 원칙은 총론에서 표방하는 수시 부분 개정의 원칙을 수용하면서 제7차 교육과정의 문제 부분을 수정·보완하는 것이다.

차기 과학과 교육과정 개정의 기본 방향으로는 창의성 추구를 위한 교육과정, 탐구 수업의 강조, 과학-기술-사회 관련 내용 강화, 교육과정 내용의 적정화, 정의적 영역 강화, 교육과정 운영의 다양화·자율화, 교육과정의 구체화, 실현 가능한 교육과정 개발 등을 내세우고 있다.

Ⅲ. 결 론

현행 제7차 교육과정은 2000년대를 주도해 갈 능력과 교양을 갖춘 새로운 가치 창조자로서 의식 있는 한국인을 기르기 위해 마련되었으며, 과학과 교육과정은 수준별 교육과정을 도입하여 학생의 개개인에 맞는 교육을 실시하고자 하였다.

제7차 과학 교육과정의 도입에 따라, 초창기 자료의 부족을 해결하기 위해 수많은 수준별 자료가 개발되어 보급되었고 인터넷을 활용한 교수 학습 자료도 많이 개발되었다. 이는 긍정적인 부분이라 할 수 있다. 그러나 과학과 교육과정의 도입과 실행에서 많은 문제점을 보이고 있다. 특히 초등학교의 경우, 시간 수가 줄어들었음에도 불구하고 더 많은 실험과 내용이 부과되어 현장 교사의 피로도가 높아지게 되었다. 다양한 수업 방법과 평가 기법은 다인수 학급에서 실시하기에는 어려움이 많게 되었다.

지금 차기 교육과정에 대한 공청회가 열리고 있으며 개발 방향이 정해지고 있다. 현장의 목소리를 경청하고 있다. 어떤 모습으로 교육과정이 완성되고 교과서가 개발될지는 정확히 모르지만 교육과정의 정신만은 제7차의 정신을 이어가고 있다. 교육에 대한 투자가 확대되어야 제7차 교육과정의 우를 범하지 않을 것이다.

차기 교육과정의 성공 여부도 결국은 현장의 교사와 학생에 의해 판가름 날 것이다. 교육의 질은 교사의 질을 넘기가 힘들다고 한다. 교사의 교육도 충분히 검토되어야 할 것이다.

제13장 |

개정 초등 과학과 교육과정

Ⅰ. 과학과 교육과정 개정의 배경 및 방향
   1. 개정 배경
   2. 개정 방향과 중점
   3. 과학과 교육과정 개정 내용
Ⅱ. 2007 개정 과학과 교육과정
   1. 과학과의 성격
   2. 과학과의 목표
   3. 과학과 내용 체계
   4. 과학과 교수·학습 방법
Ⅲ. 과학과 교과용 도서의 개발 방향 및 특징
   1. 과학과 교과용 도서의 개발 방향
   2. 개정된 과학 교과서의 특징 및 구성 방침
   3. 과학과 교과용 도서의 특징
   4. 자유탐구

Ⅰ. 과학과 교육과정 개정의 배경 및 방향

1. 개정 배경

    가. 미래 무한경쟁 사회에서 국가 경쟁력 확보를 위한 과학적 기초 소양 교육 강화 필요

    나. 지식 기반 사회 도래 등 사회 변화에 적극적으로 대처하기 위하여 창의적 문제 해결력을 지닌 과학적 소양인 양성

    다. 학생들의 과학에 대한 흥미와 관심을 높이기 위해 실생활 관련 주제를 도입하고, 어려운 내용의 수준 조정, 중복되는 학습 내용 해소 등을 통해 교육 내용 적정화

2. 개정 방향과 중점

가. 과학적 기초 소양 교육 강화

1) 과학 관련 문제 해결 및 의사 결정력을 제고하도록 과학—기술—사회(STS) 관련 내용을 강화
2) '자유탐구' 도입으로 과학 탐구의 즐거움을 느끼고, 실생활과 관련된 내용을 통하여 과학을 좋아할 수 있도록 정의적 영역 강화

나. 창의성 신장을 위한 과학 교육 강화

1) 지식 기반 사회에서 요구되는 창의력 신장 강조
※ '성격'에 창의력, '목표'에 창의적 문제 해결력, '평가'에 창의성 관련 평가 등을 명시함
2) '자유탐구'를 통한 실생활에서 창의력과 문제 해결력 신장 기회 제공

다. 과학 탐구 활동 강조

1) 각 학년별·단원별로 이수해야 할 탐구 활동을 제시
2) 학생의 흥미와 창의력 제고 및 종합적 과학 탐구 기회를 확대하기 위해 3~10학년에 '자유탐구' 신설

라. 교육 내용 적정화

1) 나선형 교육과정의 적용으로 초래되는 중복 내용을 최소화하고, 보다 심도 깊은 탐구 활동을 통하여 과학 교육의 질 제고
※ 7～10학년, 고등학교 선택과목의 각 과목Ⅰ 및 각 과목Ⅱ의 내용 간에 중복을 최소화함

마. 교육과정 운영의 자율성 확대

1) 단위 학교의 교육과정 운영의 자율성 확대: 교육과정 개발과 운영 권한을 단위 학교와 교사에게 위임
• '자유탐구'를 신설하여 학교와 교사가 이에 대한 교육과정의 개발과 운영을 자율적으로 결정하도록 함

3. 과학과 교육과정 개정 내용

제7차 교육과정	2007 개정교육과정
• 내용- 에너지, 물질, 생명, 지구 • 3～5학년까지는 기본과정으로 6～10학년까지는 심화·보충 과정으로 구성 • 자기 주도적 학습 능력 향상 • 창의성, 개방성, 객관성, 합리성, 협동심 함양	• 내용- 운동과 에너지, 물질, 생명, 지구와 우주 • 과학에 대한 흥미와 창의력 신장을 위해 '자유 탐구'를 포함하여 구성 • 관찰, 실험, 조사, 토론 등 다양한 탐구 활동 중심의 학습 • 모둠활동을 통한 비판성, 개방성, 정직성, 객관성, 협동성 함양→과학적 태도, 의사소통능력 • 일상생활의 문제를 과학적으로 해결하는 능력 함양

Ⅱ. 2007 개정 과학과 교육과정

1. 과학과의 성격

국민 공통 기본 교육과정의 '과학'은 3학년부터 10학년까지 모든 학생들이 학습하는 교과로서 과학의 기본 개념을 이해하고 과학적 탐구 능력과 태도를 함양하여 일상생활의 문제를 창의적이고 합리적으로 해결하는 데 필요한 과학적 소양을 기르기 위한 교과이다.

'과학'은 초등학교 1, 2학년의 슬기로운 생활과 고등학교 2, 3학년의 물리 Ⅰ, 화학 Ⅰ, 생명 과학 Ⅰ, 지구 과학 Ⅰ, 물리 Ⅱ, 화학 Ⅱ, 생명 과학 Ⅱ, 지구 과학 Ⅱ 과목과 긴밀한 연계를 가지도록 구성한다.

'과학'의 내용은 운동과 에너지, 물질, 생명, 지구와 우주 영역으로 구성하되, 기본 개념과 탐구 과정이 학년과 영역 간에 연계되도록 한다. 또한 학생들의 과학에 대한 흥미를 높이고 창의력을 신장시킬 수 있도록 학생 스스로 관심 있는 주제를 선정하여 탐구할 수 있는 '자유 탐구'를 포함하여 구성한다.

'과학'에서는 학생 수준에 따라 관찰, 실험, 조사, 토론 등 다양한 탐구 활동 중심의 학습이 이루어지도록 한다. 그리고 개별 활동뿐만 아니라 모둠 활동을 통해 비판성, 개방성, 정직성, 객관성, 협동성 등 과학적 태도와 의사소통 능력을 기르도록 한다. 또한 단편적인 지식의 획득보다는 기본 개념의 통합적인 이해를 토대로 일상생활의 문제를 과학적으로 해결하는 능력을 함양하도록 한다.

'과학'의 주요 개념을 학습자의 경험과 밀접한 관련이 있는 상황에서 지도하고, 학습한 지식과 탐구 방법을 일상생활이나 사회 문제 해결에 적용할 수 있는 기회를 제공함으로써 과학의 가치뿐만 아니라 과학, 기술, 사회의 상호 관계를 인식할 수 있도록 한다.

2. 과학과의 목표

자연현상과 사물에 대하여 흥미와 호기심을 가지고 탐구하여 과학의 기본 개념을 이해하고, 과학적 사고력과 창의적 문제 해결력을 길러 일상생활의 문제를 창의적이고 과학적으로 해결하는 데 필요한 과학적 소양을 기른다.

　가. 과학의 기본 개념을 이해하고, 자연 탐구와 일상생활의 문제 해결에 이를 적용한다.
　나. 자연을 과학적으로 탐구하는 능력을 기르고, 일상생활의 문제 해결에 이를 활용한다.
　다. 자연현상과 과학 학습에 대한 흥미와 호기심을 기르고, 일상생활의 문제를 과학적으로 해결하려는 태도를 함양한다.
　라. 과학, 기술, 사회의 상호 관계를 인식한다.

3. 과학과 내용 체계

영역＼학년	3	4	5	6	7	8	9	10	
운동과 에너지	• 자석의 성질 • 빛의 직진	• 무게 • 열전달	• 물체의 속력 • 전기 회로	• 빛 • 에너지 • 자기장	• 힘과 운동 • 정전기	• 열에너지 • 빛과 파동	• 일과 에너지 • 전기	• 물체의 운동 • 전자기	
물질	• 물체와 물질 • 액체와 기체 • 혼합물 분리	• 물의 상태 변화	• 용해와 용액	• 산과 염기 • 여러가지 기체 • 연소와 소화	• 물질의 세가지 상태 • 분자의 운동 • 상태변화와 에너지	• 물질의 구성 • 우리 주위의 화합물	• 물질의 특성 • 전해질과 이온	• 화학 반응에서의 규칙성 • 여러 가지 화학 반응	• 자연 계에서의 에 너지
생명	• 동물의 한살이 • 동물의 세계	• 식물의 한살이 • 식물의 세계	• 식물의 구조와 기능 • 작은 생물의 세계 • 우리의 몸	• 생태계와 환경	• 생물의 구성과 다양성 • 생물의 영양	• 소화와 순환 • 호흡과 배설	• 자극과 반응 • 생식과 발생	• 유전과 진화 • 생명 과학과 인간의 미래	
지구와 우주	• 날씨와 우리 생활	• 지층과 화석 • 화산과 지진 • 지표의 변화	• 지구와 달 • 태양계와 별	• 날씨의 변화 • 계절의 변화	• 지각의 물질과 변화 • 지각 변동과 판구 조론	• 태양계 • 별과 우주	• 대기의 성질과 일기변화 • 해수의 성분과 운동	• 지구계 • 천체의 운동	

4. 과학과 교수・학습 방법

가. 학습 지도 계획

1) 학습 지도 계획 수립 시 학교의 실정이나 지역의 특성, 학생의 능력, 자료의 준비 가능성 등을 고려하여 학습 내용과 지도의 시기를 조정할 수 있다.

2) 학습 내용, 학생 수준, 실험 여건, 지도 시간 등을 고려하여 적

절한 학습 방법을 정하도록 한다.

3) 과학 내용 및 과학과 관련된 사회적 쟁점에 대한 과학 글쓰기와 토론을 할 수 있도록 수업을 계획한다.

4) 과학 학습과 관련된 특별 활동, 과학 전시회 등 여러 가지 과학 활동에 학생이 적극 참여할 수 있도록 계획한다.

5) 각 학년에 제시된 '자유 탐구' 주제는 예시이므로, 그 주제를 참고하여 학년 초에 적절한 주제를 설정하고 언제, 어떻게 지도할 것인지 계획한다.

※ 주제 예시: 3학년(동물, 안전), 4학년(식물, 공룡), 5학년(건강, 로봇), 6학년(화재, 환경), 7학년(탈 것, 자연재해, 스포츠와 과학), 8학년(우주, 광학기기, 플라스틱), 9학년(바다, 우리 집의 과학, 약물의 오남용), 10학년(미래의 과학, 직업과 진로, 전자기파)

나. 자료 준비 및 활용

1) 지역에 따라 자료를 준비하기 어렵거나 탐구 활동이 어려운 내용은 교육과정의 목표에 부합하는 자료나 활동으로 대체할 수 있다.

2) 과학에 대한 흥미와 호기심을 높일 수 있도록 생활 주변 및 첨단 과학 관련 소재를 학습 자료로 활용한다.

3) 첨단 과학, 과학자, 과학사 등과 관련된 자료를 활용한 과학 글쓰기와 토론을 지도할 수 있도록 과학 도서 목록을 준비한다.

4) 학생의 이해를 돕거나 흥미를 유발하기 위하여 모형이나 시청

각 자료, 소프트웨어, 인터넷 자료 등을 활용할 수 있도록 준비한다. 모형을 사용할 때에는 모형과 실제 자연현상 사이에 차이가 있음을 이해시킨다.

5) 동물이나 식물의 한살이, 날씨 변화 등과 같은 지속적인 관찰이 요구되는 내용을 지도할 때는 자료 준비, 관찰자, 관찰 내용 등에 관한 세부 계획을 미리 세운다.

6) '자유 탐구'가 원활히 수행될 수 있도록 학교 수준에서 필요한 자료를 준비한다.

다. 학습 지도 방법

1) 강의, 실험, 토의, 조사, 견학, 과제 연구 등의 다양한 교수학습 방법을 적절히 활용하여 지도한다.

2) 학생들의 능력과 흥미 등 개인차를 고려하여 지도한다.

3) 기초 탐구 과정(관찰, 분류, 측정, 예상, 추리 등)과 통합 탐구 과정(문제 인식, 가설 설정, 변인 통제, 자료 해석, 결론 도출, 일반화 등)을 학습 내용과 관련시켜 지도한다.

4) 탐구 활동을 모둠 학습으로 할 때에는 과학 탐구에서 상호 협력이 중요함을 인식시킨다.

5) 과학 및 과학과 관련된 사회적 쟁점에 대한 자료를 읽고, 이를 활용한 과학 글쓰기와 토론을 통하여 과학적 사고력, 창의적 사고력 및 의사소통 능력을 함양할 수 있도록 지도한다.

6) 학생 중심의 활동이 이루어지도록 하며, 의사소통을 할 때에는 자신의 의견을 명확히 표현하고 다른 사람의 의견을 존중하는

태도를 가지게 한다.

7) 학생의 지적 호기심과 학습 동기를 유발할 수 있는 발문을 하고, 개방형 질문을 적극 활용한다.

8) 학생의 구체적 조작 활동을 우선으로 하고, 컴퓨터를 활용한 실험과 인터넷과 멀티미디어 등을 적절히 활용한다.

9) 첨단 과학, 과학자 이야기, 과학사, 시사성 있는 과학 내용 등을 도입하여 과학에 대한 흥미와 호기심을 유발한다.

10) '자유 탐구'는 주제 선정에서부터 계획 수립, 탐구 수행, 결과 발표에 이르기까지 학생이 주도하여 창의적으로 수행할 수 있도록 지도한다. '자유 탐구'는 비교적 긴 기간 동안 이루어지므로 수행 과정 중 수시로 진행 상황을 점검하고 적절한 격려와 조언을 한다.

라. 실험·실습 지도

1) 실험 기구의 사용 방법을 사전에 지도하여 올바른 사용 방법을 익히도록 하고, 특히 상해나 화상을 입지 않도록 안전 지도를 한다.

2) 화학 약품을 다룰 때의 주의점을 지도하여, 사고가 발생하지 않도록 한다.

3) 야외 탐구 활동 및 현장 학습 시에는 사전 답사를 실시하거나 관련 자료를 조사하고 안전 지도를 한다.

4) 실험 후 발생하는 폐기물을 수거 처리하고 환경을 오염시키지 않도록 유의하여 지도한다.

5) 생물을 다룰 때에는 생명을 아끼고 존중하는 태도를 가지게 한다.

마. 과학 교수·학습 지도 지원

(1) 단위 학교에서는 실험, 관찰 등 과학 활동의 특성에 따라 연차시 학습으로 운영할 수 있도록 지원한다.
(2) 시·도 교육청에서는 내실 있는 과학 교수·학습을 위해 과학실, 과학 실험 기자재 등을 확보하기 위한 재원을 지원한다.
(3) '자유 탐구'가 내실 있게 운영될 수 있도록 행·재정적 지원을 하고, 학교 재량 활동이나 특별 활동과 연계하여 운영할 수 있도록 한다.

5. 평가

가. '과학'에서는 과학의 기본 개념의 이해, 과학의 탐구 능력 및 과학적인 태도를 균형 있게 평가하며, 특히 다음 사항에 주안점을 둔다.
(1) 기본 개념의 이해와 그 적용 능력을 평가한다.
(2) 탐구 활동 수행 능력과 이를 일상생활 문제 해결에 활용하는 능력을 평가한다.
(3) 과학에 대한 흥미와 가치 인식, 과학 학습 참여의 적극성, 협동성, 과학적으로 문제를 해결하는 태도, 창의성 등을 평가한다.
나. 평가는 선다형, 서술형 및 논술형, 관찰, 보고서 검토, 실기 검사, 면담, 포트폴리오 등의 다양한 방법을 활용한다. 특히 '자유 탐구'의 경우에는 지필 평가를 지양하고 학생 활동 관찰,

보고서 검토 등의 방법을 활용하여 평가한다.

다. 타당도와 신뢰도가 높은 평가가 되도록 가능하면 공동으로 평가 도구를 개발하여 활용한다.

라. 평가는 설정된 성취 기준에 근거하여 실시하고, 그 결과를 학습 지도 계획 수립과 지도 방법 개선, 진로 지도 등에 활용한다.

마. 평가는 평가 계획 수립, 평가 문항과 도구 개발, 평가의 시행, 평가 결과의 처리, 평가 결과의 활용 등의 절차를 거쳐 실시한다.

Ⅲ. 과학과 교과용 도서의 개발 방향 및 특징

1. 과학과 교과용 도서의 개발 방향

교과용 도서는 교육과정을 충실히 반영하고, 교육과정 중심의 학교 교육 체제에 적합하며, 학생의 학습 능력과 창의력 신장에 적합한 것으로서, 앞으로 자라나는 차세대 학생들이 과학에 대한 관심과 흥미를 가지고 신나는 과학 탐구를 통하여 '과학의 꿈'을 기르는 것을 편찬의 기본 방향으로 삼고 있다.

초등학교 과학 교과서 개발 방향을 구체적으로 제시하면 다음과 같다.

가. 2007년 개정 교육과정의 목표와 내용을 충실히 반영한 교과용 도서를 편찬한다.

나. 교육과정 중심의 학교 교육 체제에 적합한 교과용 도서를 편

찬한다.

다. 학습자 중심의 다양하고 질 높은 교과용 도서를 편찬한다.

라. 기초 연구에 바탕을 둔 우리 교육 실정에 알맞은 교과용 도서를 편찬한다.

2. 개정된 과학 교과서의 특징 및 구성 방침

탄탄한 과학의 기초 능력을 바탕으로 과학의 참된 꿈을 기르는 교과서		
Dream	교과서의 특징	구성 방침
기본 학습 능력의 신장 (Drill)	기초 탐구 능력과 기본 과학 개념에 대한 훈련을 착실히 수행할 수 있는 교과서	탐구에 대한 안내 강화 기본 개념에 대한 입체적이고 친절한 설명
실제 세상의 모습 반영 (Real World)	실험실 상황이나 인위적인 상황 대신 실제 세상의 모습을 반영한 교과서	역사 속 과학, 현대사회와 과학, 미래의 과학, 예술과 과학
다양한 경험 (Experience)	다양한 경험을 제공하는 교과서	탐방, 가족과 함께하는 실험, 조사, 글쓰기, 토론, 첨단 매체의 활용 등
과학 태도 (Attitude)	과학에 대해 긍정적 태도를 가지고 나도 과학을 잘할 수 있다는 자신감을 심어 주는 교과서	성공의 경험 제공 과학자, 과학의 긍정적 역할에 대한 내용 강화
학습 동기 (Motivation)	보면 펼치고, 펼치면 읽으며, 읽으면 탐구하게 되는 교과서	단원의 차시를 하나의 맥락으로 연결 디자인 강화 학습자에게 의미 있는 주제, 활동 선정

3. 과학과 교과용 도서의 특징

가. 과학교과서

교과서는 교육과정의 목표와 내용을 구현하기 위한 예시 자료의 하나라고 볼 수 있다. 따라서 교사는 교과서에만 의존하지 말고, 다양한 교육과정 자료를 활용하여 지도하도록 해야 한다.

1) 과학과 교과서는 다른 교과서와 달리 교과서를 실제로 집필하기 전에 교과서의 개발 방향, 교과서의 구성 체제, 내용 선정과 조직, 내용의 전개 방법, 집필 세목 등에 대한 기획 연구를 거쳐 편찬된 우리나라 최초의 연구 개발형 교과서이다.

2) 학생의 요구와 특성에 알맞은 교과서의 판형, 지질, 외형적 체제를 구안함으로써 과학을 보다 쉽고 재미있게 학습하여 과학의 꿈을 기르도록 편찬한 교과서이다.

3) 과학과 교육과정의 목표와 내용을 구현하기 위하여 교과서의 분량과 단원의 크기를 알맞게 조절하여 체계적으로 과학 탐구 활동이 이루어질 수 있도록 교과서 내용이 구성되어 있다.

4) 초등학생의 특성에 알맞게 과학적 기초 소양과 자기 주도적 학습능력을 기르기 위하여 최신의 과학 첨단내용, 과학 관련 직업 소개, 단원 내용과 관련된 발명과 발견이야기, 과학자와 기술자에 대한 소개, 과학 글쓰기 등의 다양한 과학 정보 내용이 포함되어 있다.

5) 학생들이 과학탐구 방법과 기초탐구 기능을 체계적으로 익힐 수 있도록 기초 탐구 기능과 자유탐구 주제가 알맞게 제시되어 있다.

6) 탐구 주제가 실생활과 학생의 구체적 경험에 바탕을 둔 것들로

서 과학적 사고와 창의적 사고를 계발하고 신장시키는 데 알맞은 내용으로 구성되어 있다.

7) 교과서에 제시되어 있는 탐구 실험들은 대부분 사전 실험을 거쳐서 실험 활동의 적절성을 확인한 것으로 구성되어 있다.

나. 실험 관찰

실험관찰 교과서는 과학 교과서의 개발 방향과 구성 방침에 따라 교과서와는 확연히 구별되는 보조 교과서로서 학습자가 편리하게 활용할 수 있도록 개인별 학습장으로 교과서에서 제시한 활동, 과제, 질문등과 연계성을 가진다.

1) 실험·관찰 교과서의 성격과 역할을 순수한 학습장 형태의 배움 책(workbook)으로 정하여 과학 교과서의 보조 역할을 할 수 있도록 구성함으로써 과학 탐구의 활동을 활성화하는 데 도움이 된다.

2) 내용이 그림 그리기, 오려 붙이기, 과학 글쓰기 등이 가능하도록 꾸며져 있어서 과학 활동의 다양한 용도로 활용할 수 있다.

3) 개인 기록장 또는 탐구 학습장으로서 탐구의 내용을 체계적으로 학습할 수 있도록 구성되어 있다.

4) 탐구 주제의 선정, 탐구 계획서 및 보고서의 작성, 탐구 내용의 기록 등 자유 탐구 활동 기록의 장으로 활용할 수 있다.

5) 학교의 기본 학습 이외에 관심 있는 과학 탐구에 보다 심층적으로 탐구할 수 있는 심화탐구 활동 등의 학습장으로 활용할 수 있다.

6) 참고 자료의 정보를 적극적으로 활용하도록 하여 과학 탐구의 활동이 의미 있게 이루어지는 기초 자료로 이용할 수 있다.

다. 교사용 지도서

교사용 지도서는 교육과정에 제시된 교과의 성격과 목표, 내용, 교수·학습방법, 평가 등을 바르게 해설하고, 단원별 그리고 차시별로 교수-학습 과정을 체계적으로 상세하게 제시하여 교사에게 꼭 필요하고 편리하게 활용할 수 있도록 구성되어 있다.

1) 교사가 실제로 과학 수업 시간에 활용하기 편리하도록 판형, 색도, 체제를 창의적으로 구성하여 교육과정 개정 취지를 구현한다.

2) 지도 내용의 전개 과정에서 교사들에게 정보 전달이 쉽도록 그림이나 삽화를 충분히 활용하여 수업의 각 단계마다 필요한 자료와 정보를 적절하게 활용할 수 있다.

3) 자유 탐구 활동을 보다 의미 있게 지도할 수 있도록 사례를 제시하여 주제의 선정, 탐구 계획 세우기, 탐구 내용과 방법, 문제 해결 과정, 탐구 과정 지도 시 유의점, 탐구 보고서 작성 방법, 탐구 산출물의 평가 등에 관한 상세한 정보를 제공한다.

4) 과학탐방, 과학전람회, 과학 동아리 활동 등의 학교 밖 과학 활동에 관한 정보와 그 지도 방법에 대하여 상세히 소개함으로써 학생들이 과학에 대해 보다 많은 관심과 흥미를 가지도록 지도하기에 알맞게 구성되어 있다.

5) 학생의 특성과 지역의 특성에 따라 교육과정을 융통성 있게 자율적으로 운영할 수 있는 사례를 제시하여 교과서의 대체 교육 자료와 대체 가능한 과학 내용에 대한 정보를 제공한다.

6) 과학 학습 지도에 필요한 교육과정 자료, 즉 과학도서, 참고문헌, 과학탐방 자료, 전자 과학 교과서, 교육 방송 프로그램, 교육용

컴퓨터 소프트웨어, 인터넷 사이트 등의 다양한 정보를 제공한다.

7) 과학 학습 지도에 알맞게 활용할 수 있는 과학 교육 인적 자원과 함께 과학관, 식물원과 동물원, 해양 학습원, 수목원, 화석 산지, 정수장, 천체 관측소 등 과학 탐방에 적합한 과학 교육 시설과 장소를 자세히 소개하여 학생들의 과학 체험 학습을 돕는다.

4. 자유탐구

가. '자유탐구'의 필요성 및 설정 취지

2007년 개정 과학과 교육과정에서는 국민 공통 교육과정에 해당되는 3학년부터 10학년까지 매 학년별로 최소한 6차시의 '자유 탐구'가 신설된 것이 중요한 특징 중의 하나이다. 학생의 과학에 대한 흥미와 창의력을 제고하고, 종합적 과학 탐구의 기회를 확대하며, 교육과정 운영의 자율화, 지역화, 개방화를 위해 '자유 탐구'를 신설하였다.

교과서에 제시된 탐구 활동은 대체로 내용이나 개념의 이해를 위하여 탐구 과정이 안내된 1~2차시 단위의 활동으로 이루어지는 경우가 대부분이다. 그러한 탐구 활동에서는 학생이 문제 인식에서 가설 설정, 탐구 설계 및 수행, 결과 해석 및 결론 도출 등 다양한 문제를 종합적으로 탐구하는 기회를 거의 갖지 못하고, 자기 주도적 탐구를 수행하기 어렵다. 그 결과 PISA나 TIMSS 등 교육 성취도 국제 비교 연구에서 우리나라 학생들은 과학에 대한 자신감, 과학에 대한 가치 인식, 과학에 대한 흥미 등에서 참가국들 중에서 거의 최

하위를 나타내어 정의적 영역 교육 강화가 시급한 것으로 나타나고 있다. 이러한 측면에서 학생들이 과학에 흥미를 가지고 과학을 학습하고, 과학 분야의 진로를 추구하도록 하기 위하여 2007년 개정 과학과 교육과정에서는 '자유 탐구'를 설정하였다. 자유 탐구를 설정한 취지를 정리하여 제시하면 다음과 같다.

첫째, 학생 스스로 관심 있는 주제를 선택하여 탐구하게 함으로써 자기 주도적 탐구 기회를 제공하고 탐구 기능 신장과 과학에 대한 흥미와 관심을 제고한다.

둘째, 학생들이 관심 있는 주제를 선택하여 동료와 함께 탐구하게 함으로써 협동심을 기른다.

셋째, 일상생활과 관련된 주제 탐구를 통해서 과학이 기술과 사회에 미치는 영향과 기술과 사회가 과학에 미치는 영향을 인식하게 한다.

넷째, 다양한 주제 탐구를 통해서 과학 분야의 적성을 발굴하고 진로를 탐색할 기회를 제공한다.

다섯째, 탐구 방법 구안 및 탐구 결과 발표를 통하여 학생의 창의성과 문제 해결력을 제고한다.

나. 자유 탐구 지도 및 평가 방법

자유 탐구는 학기 중 특정한 시기에 관계없이 지도할 수 있다. 즉 과학 교사가 연간 수업 계획을 수립할 때 자유 탐구를 수행할 적정한 시간을 계획하여 지도하거나 학생들과 협의한 후 수행 계획을 세워 지도할 수 있다. 자유 탐구를 지도하기 위해서는 계획 단계 2시간, 중간 점검 2시간, 결과 발표 2시간 등 최소한 6시간 정도는 할

애되어야 한다. 자유 탐구 주제에 따라서는 주어진 6시간만으로 탐구 수행이나 결과 발표를 충분히 하기 어려울 수 있다. 이런 경우에는 재량 활동이나 특별 활동, 학교 행사 등과 연계하여 추가 시간을 확보하면 탐구의 실효성을 향상시킬 수 있을 것이다. 학생들은 자유 탐구를 방학 때도 지속적으로 수행할 수 있다.

평가는 계획 수립 단계, 중간 점검 단계, 최종 결과 발표 단계 등의 시기를 고려하여 학기 중이나 학기말에 실시하여 성적에 반영할 수 있다. 자유 탐구는 개별적으로나 소집단으로 수행 가능하다. 하지만 어느 정도 객관성과 일관성을 가진 평가 기준을 마련하여 학생들을 평가하는 것이 바람직하다. 따라서 학교에 따라 이미 개발된 많은 연구 자료들을 참고하여 학교, 교사와 학생의 특성을 고려하여 개별 자유 탐구, 집단 자유 탐구에 대한 평가 기준을 우선적으로 수립하는 것이 필요하다. 또한 학생들의 의견을 수렴하여 개별 자유 탐구나 집단 자유 탐구 중 하나로 통일하는 것도 평가의 객관성을 확보하기 위한 하나의 방법이 될 것이다. 소집단의 크기는 2~6명 정도가 적합한데, 탐구 주제 수, 탐구 내용의 곤란도와 복잡성, 탐구 기간, 학급 학생 수 등을 고려하여 결정한다. 자유 탐구는 다양한 방법을 활용하여 지도할 수 있지만 소집단 탐구 (Group Investigation) 기법을 사용하면 효율적으로 지도할 수 있다. 소집단 탐구는 협동 학습 기법 중의 하나로 학생들에게 넓고 다양한 학습 경험을 제공하기 위해 설계된 것으로 이미 정해진 지식이나 기능 습득보다는 여러 측면의 문제를 해결하기 위해서 정보를 습득, 분석, 종합하는 통합적 학습에 적합하다. 이는 주제 선정, 탐구 방법 선정, 정보 수집 및 분석, 결과 발표 등에 대해서 학생들에게 최대한 책임과 자유를 부여하는 방식으로 자유 탐구의 취지에 잘 부합한다.

제14장 |

초등 과학 환경 교육의 실제

Ⅰ. 서 론

Ⅱ. 본 론

   1. 우리나라의 환경 교육

   2. 초등학교에서의 환경 교육

   3. 초등 환경 교육의 목적과 내용

   4. 초등 환경 교육의 방법

   5. 초등 환경 교육의 실제(예시)

   6. 실천하는 초등 환경 교육 방안

Ⅲ. 결 론

Ⅰ. 서 론

최근 세계 여러 나라에서는 기상 이변으로 인해 많은 피해를 입고 있다. 우리나라도 마찬가지다. 황사, 집중호우, 가뭄, 폭설 등이 해마다 되풀이되고 있다. 이뿐만 아니라 도시의 대기오염, 수질오염, 토양오염 등으로 인해 천식, 아토피나 알레르기 등 환경 관련 질병도 크게 증가하고 있다. 환경 문제는 이제 더 이상 방치해서는 안 된다.

초등학교에서 환경 교육은 각 과목에서 다루고 있다. 그러나 좀 더 체계적이고 전문적인 교육이 이루어져야 한다. 인간은 자연의 일부이며 자연과 공생할 때 사람다운 삶을 살 수 있음을 인식하도록 교육의 방향이 이루어져야 한다.

II. 본 론

1. 우리나라의 환경 교육

가. 환경 교육의 의의

우리나라가 환경 교육에서 주요 목표로 하는 것은 유네스코에서 제시한 것을 대체로 사용하는데 그것들은, 환경 및 환경문제에 관한 인식, 지식 및 기능을 습득하고, 환경에 대한 책무성을 기르며, 쾌적한 환경 조성을 위해 능동적으로 행동하는 것이다.

나. 환경 교육의 현황

우리나라에서 학교 교육으로서의 환경 교육이 독립 교과목으로 자리 잡은 1995년 이래 10년 동안 학교 환경 교육은 다양한 영역에서 양적, 질적으로 크게 성장해 왔다. 그러나 독립 교과목으로서의 교육 과정이 처음으로 개발된 제6차 교육 과정 이후 환경 교육에서 다루어야 할 내용과 교수－학습 방법 등에 대한 관심은 높아져 현재에 이르고 있지만, 정작 교사와 환경 교육을 받는 모든 학생들이 일차적으로 접하게 되는 환경 교육 교재에 대한 관심은 상대적으로 적은 실정이다. 뿐만 아니라, 환경 교육이 포함되어 있는 과목을 살펴보면, 초등학교는 도덕, 사회, 과학 등 8개 과목에서 가르쳐지고 있다.

다. 환경 교육의 필요성

환경 교육이 효과를 제대로 거두지 못하고 있는 이유로는 교원 양성 과정과 교원 수급 및 기존 교과 위주의 학교 운영 관행이 가장 큰 요인이다. 환경 교육을 잘 이루려면 독립 교과로서의 환경과를 통한 접근 방식이 필요하며 환경 교육의 주체로서의 학교와 사회가 통합적으로 연계되어야 한다.

2. 초등학교에서의 환경 교육

가. 환경 교육 관련 교과를 통한 환경 교육

제7차 초등학교 교육 과정에서는 관련 교과에서의 분산적 접근으로 환경 교육을 내실 있게 지도하도록 하고 있다. 초등학교 교과에 환경 관련 내용을 넣어 함께 지도하는 것으로 바른 생활, 슬기로운 생활, 도덕, 사회, 과학, 실과 등 다양한 교과에서 환경 관련 주제 또는 제재명이 있음을 알 수 있다. 그러므로 이러한 내용을 지도할 때는 환경 교육의 접근에서 수업이 이루어져야 한다.

나. 재량 활동과 특별 활동을 통한 환경 교육

재량 활동은 1학년은 60시간, 2~6학년은 68시간이 배당되어 있다. 특별 활동이 1학년은 30시간, 2~3학년은 34시간, 4~6학년은 68시간으로 배당되어 있다. 이 시간을 활용하여 환경 교육이 이루어지고 있다.

3. 초등 환경 교육의 목적과 내용

환경 교육의 목적 및 내용으로는 환경 행위자로서의 시민 양성을 목표로 하고 있으며 이는 고도의 정보처리 능력과 환경 공동체를 위하여 적극적으로 일할 수 있는 참여적 기능을 강조한다. 또한 자발적 행위자로서 양성하고 맥락이 있는 경험과 감수성 함양을 위해 체험적 대상이 전제되어야 한다. 환경에 대한 건전하지 못한 태도와 가치는 생태학적 지식의 결여가 아니라 도덕적, 심미적 측면이 충분히 발달하지 못한 인성에 기인한다.

환경 상황에 대한 문제를 인식하고 나서, 그 문제를 해결하기 위한 대안을 찾는 것으로 대안을 찾기 위해서는 문제의 원인을 정확하게 밝혀내야 하기 때문에 현상에 내재된 원인과 결과를 분석하는 과학적 탐구가 필요하다.

초등학교의 환경 교육은 일상생활에서의 인문·자연환경에 대한 체험을 바탕으로 감수성을 함양하고, 환경 문제를 인식하고 해결하는 데 필요한 기초적인 능력을 기르며, 환경 보전을 위한 기본 생활 습관을 함양하고 환경 친화적 행위에 필수적인 태도·가치·신념의 기초를 형성하는 데 목적을 둔다.

4. 초등 환경 교육의 방법

가. 환경 교육의 기본 원칙

1) 환경 교육은 기본 교육이다. 즉 환경 교육은 학교 교육과정의

모든 측면에서, 사회의 다양한 매체와 기관에서 총체적으로 다루어져야 할 기본 교육이다.

2) 환경 교육은 균형 교육이다. 환경에 관한(about), 환경을 위한(for), 환경 내의(in) 교육이 균형을 이룸으로써 학습자들로 하여금 환경 문제에 대하여 아는 것, 느끼는 것, 행동하는 것을 균형 있게 학습한다.

3) 환경 교육은 공동체 교육이다. 우리 사회와 인류 모두가 깨끗하고 안전한 환경에서 살아갈 수 있다는 공동체를 추구하는 가치 지향적 활동이다. 이는 학습자들로 하여금 훼손된 자연애와 환경과 더불어 살아가는 삶의 자세를 회복하고 능력을 기를 수 있도록 도와주어야 한다.

4) 환경 교육은 가치관 교육이다. 모든 결정들은 윤리적 가치 체계에 바탕을 두고 실행되어야 한다.

5) 환경 교육은 테크놀로지에 바탕을 둔 교육이다. 환경 교육에 있어 교수 방법에 첨단 기술을 활용한 학습을 과감하게 도입하여야 한다. 문자 위주의 교육에서 다양한 환경 생활을 체험할 수 있게 한다(컴퓨터 시뮬레이션 등).

6) 환경 교육은 사회적 행위를 위한 교육이다. 환경 문제 해결 과정에 능동적으로 참여할 수 있는 살아 있는 관념을 지닌 학습자를 길러내기 위한 교육이다.

7) 환경 교육은 안보와 평화를 추구하는 교육이다. 학습자에게 적극적인 평화 의식을 심어 주는 교육이다. 인간이 자신의 능력을 계발시킬 수 있고 모든 갈등과 분쟁을 토론과 타협을 통해서 해결할 수 있는 인간 공동체를 창조하여야 한다.

8) 환경 교육은 평생 교육이다. 환경 교육이 좋은 성과를 이루기 위해서는 유아, 학생, 성인을 대상으로 한 환경 교육이 실시되어야 하고 시민 단체들에 의한 일반 시민을 대상으로 하는 환경 교육이 이루어져야 한다.

9) 환경 교육은 다양한 체험교육이 이루어져야 한다.

나. 초등 환경 교육의 지도 방법

1) 녹음/녹화 테이프 자료를 활용한다. 테이프, 레코드 등과 같은 음악 선집을 통해 교육과정을 보완하고 보충하는 기법이다.

2) 무드음악을 활용한다. 분위기를 조성할 수 있도록 배경 녹음 음악을 활용하는 기법이다.

3) 이야기하기 기법을 활용한다. 이야기 속에 학생들에게 전달하고 싶은 기본 개념, 아이디어, 교수 목표를 잘 엮어 그들에게 감동을 주는 기법이다.

4) 브레인스토밍 기법을 활용한다. 기법의 내용으로는

> - 다른 사람이 제안한 아이디어에 대해서 절대로 비판을 하지 않는다.
> - 사고의 자유분방함을 권장하며, 아이디어의 양을 추구한다.
> - 제안된 아이디어를 기초로 결합하고 조합해서 더 좋은 아이디어를 발전시킨다.

5) 마인드맵의 활용으로 중요한 낱말이나 개념 혹은 이미지를 연상 작용에 의해 나뭇가지가 뻗어 가듯이 생각해 보도록 하는 기법이다.

6) 이 밖에도 신문 만들기, 체험적 사고의 활용, 시뮬레이션 기법 활용 등이 있다.

5. 초등 환경 교육의 실제(예시)

가. 환경 교재

초등학교는 환경 교과가 없으나 재량 활동용 교육감 인정 도서로 2005년에 2개의 교재가 인정을 받아 보급되어 사용되었으며 최근에 환경부에서 어린이 초록 마을(1, 2학년용), 어린이 초록 나라(3, 4학년용), 어린이 초록 세상(5, 6학년용)이 개발되어 사용되고 있다.

나. 교재 구성

세 교재 모두 모듈식 구성이라는 점을 공통으로 하고 있다. 주제, 목표, 활동으로 구성되어 있다.

다. 교재 내용(초록 마을, 초록 나라, 초록 세상)

1) 모듈

초록 마을은 총 11개의 모듈로 구성되어 있으며 1, 2학년 학생들이 주변에서 쉽게 만날 수 있는 소재로 체험적인 요소가 많이 제시되었다. 모듈명으로는 '생명을 주는 빛', '물은 소중해요', '땅에는 무엇이 있을까요' 등이 있다.

초록 나라는 3, 4학년 학생들을 대상으로 총 18개의 모듈로 구성되어 있다. 1, 2학년에 비해 좀 더 현실적이고 깊이 있게 구성되어 있다. 모듈명으로는 사람과 여러 생물이 어울려 사는 세상, 다양함을 추구하는 자연, 녹색 지출 기입장, 두루미 보호를 위한 약속 등이 있다.

어린이 초록 세상은 5, 6학년 학생들을 대상으로 총 20개의 모듈로 구성되어 있다. 다른 학년에 비해 환경 쟁점에 대한 토론 등이 제시되었다. 모듈명으로는 위험에 처한 열대 숲, 생태적인 삶, 엄마 같은 땅 살리기, 생명의 그물 등이 있다.

라. 운영 방법

1) 운영시간은 40분으로 운영할 수 있도록 구성되었다.
2) 각 모듈마다 다양한 활동(2－5)이 제시되어 있어 충분하게 활용할 수 있다.
3) 교사용 지도서가 함께 개발되어 있어 수업 전개 시 참고하여 활용할 수 있다.
4) 워크시트 형태의 교재이기 때문에 직접 교재에 기록해 가며 사용할 수 있다.
5) 타 교과와의 연계성에 대해서도 제시되어 있으므로 다른 교과 시간에도 활용하여 환경 교육을 실시할 수 있다.

6. 실천하는 초등 환경 교육 방안

가. 초등 환경 교육 강화

1) 학교 평가의 주요 항목으로 포함시켜야 한다.
2) 환경 교육을 학교의 특색사업으로 설정하여 운영하도록 다각적으로 지원한다.

3) 환경 교육 우수학교 표창 확대 및 우수 학교의 교사들에게 해외 연수 기회 등 인센티브를 부여한다.

나. 학교 및 가정과 연계된 생활 속의 에너지 절약 교육 실시

1) 에너지 절약 운동 – 학교에서 적극적으로 에너지 절약 운동을 벌이고, 대안 에너지 교육이 이루어지도록 함으로써, 가정에서의 에너지 절약 운동으로까지 승화되도록 한다.
2) 학교별로 학생들이 주도하여 빈 교실 전등 끄기, 수돗물 아끼기 등 물과 전기 절약 실천 운동을 펼치게 하고, 절약된 만큼의 예산을 학생 자치활동에 지원하는 사업이다.
3) 학생회에서 토론해 결의를 모아 전교생을 대상으로 캠페인과 실천 운동을 펼치도록 하고, 학생회에 지원된 예산은 전적으로 학생들이 자율적으로 활용하도록 한다.

다. 학교 환경 개선

1) 생태적인 학교나 학급 환경 속에서 생태 친화적인 환경 방안 모색
2) 학교 안에 화분 가꾸기, 텃밭 가꾸기, 생태 연못 만들기, 나무 심기, 교실 안의 생태적 공간 구성 등 적은 예산으로 생태적인 학교를 만드는 일을 지원해야 한다.
3) 학교 시설의 생태적 재구조화: 학교 공간이나 시설을 생태적으로 재배치하거나 재구성하도록 권장, 학교시설의 생태 학습장화, 생태 옥상 시설, 생태적인 학교 설계라는 새로운 개념을 도입한다.

Ⅲ. 결 론

　학교에서의 환경 교육은 교과를 떠나서 다양하게 이루어질 수 있다. 환경은 우리 생활 속에서 떼려야 뗄 수 없을 만큼 밀접하게 연관되어 있다. 학교에서도 마찬가지다. 환경 교육은 아는 것도 중요하지만 더 중요한 것은 실천하는 것이다. 학생들이 실천할 수 있도록 교사들과 학교 당국은 여건을 조성해 주어야 할 것이다.

제15장 |

초등학교 교구 설비에 대한 논의

Ⅰ. 서 론
Ⅱ. 본 론
  1. 교육시설
  2. 교구·설비
  3. 초등학교 교구 관련 선행 연구
Ⅲ. 결 론

Ⅰ. 서 론

교육은 국가의 백년지대계라 하여 한나라의 장래를 좌우할 만큼 중요하다. 이와 같이 중요한 의미를 가지고 있는 교육이 최대의 성과를 거두기 위해서는 가르치고 배우는 활동 그 자체뿐만 아니라 그러한 활동이 이루어지는 교육의 장 역시 교육의 성패를 좌우하는 중요한 요소라 하지 않을 수 없다(구동근, 2002).

우리나라 학교 교육은 양적으로는 급속한 팽창을 보였지만 질적인 성장은 이에 미치지 못하고 증가하는 학생들의 수요에 급급한 실정이다. 급속한 사회변화에 따라서 교육의 내용이나 방법이 달라져 가고 학생들의 활동이 다양해지면서 이에 따라 학교의 시설·설비도 점차 달라지고 있다.

미래를 지양하고 있는 현대교육의 커다란 변화와 혁신은 여태까지의 일제수업, 주입식 수업에서 개별화와 다양화 수업으로 나아가고 있다. 그리고 현대교육의 혁신은 학습의 효과를 극대화하기 위해 능력별 집단 편성, 교수 공학에 의한 수업으로 요약할 수 있다(유성아 2003).

교육시설은 교육의 성과를 좌우하는 교육환경 중 가장 중요하고 기본적인 요건이라고 볼 때 교육시설에 대한 개선요구는 시급한 과제인 것이다.

현재 새로운 교육과정이 고시되어 있다. 그에 따른 시설·설비는 아직 검토단계에 머물러 있다. 초등학교 교육의 올바른 방향은 교육과정의 내용적인 면뿐만 아니라 이에 따른 교구·설비에 대한 개선도 함께 따라야 할 것이다. 본 연구의 목적은 새로운 『2007년 개정 교육과정』고시(교육인적자원부고시 제2007-79호(2007. 2. 28))가 제시됨에 따라 현재 적용 중인 초등학교 교구·설비기준안(2004. 1 고시)의 개선이 요구되어 새로운 교육과정에 적합한 초등학교 교구·설비 기준안의 합리적인 개선안을 모색하는 데 있다.

Ⅱ. 본 론

1. 교육시설

교육시설은 학교교육과 사회교육을 위한 제반 시설 및 문화시설을 의미한다. 즉 각급 학교시설, 공공도서관, 각종 학교, 강습소와 기타 사회교육을 위한 제반 시설이 포함된다. 그러나 협의로는 학교시설만을 의미하며 교육시설은 협의로 사용되어 학교시설과 동의어로 사용되는 경우가 더 많다. 교육의 지원조건 중 시설은 물질조건으로 가장 중시되고 있는데, 특히 건전한 교육계획을 증진시키고 바람직한 교육활동의 전개를 위해서는 교육시설의 적절성, 안전성, 상호연동성, 융통성, 경제성, 미적 고려 등이 고려되어야 한다(교육사전편집위원회, 1986; 서울대학교교육연구소 편, 1994). 한편 학교시설은 학교교육을 위해서 제공되는 물적 시설과 토지를 말하며 협의로 말할 때는 학교교육을 위하여 제공되는 물적 시설을 의미한다. 가장 협의의 말로는 학교건축과 동의어로 사용된다. 이와 같은 학교시설의 개념을 학교의 기능과 관련지어 보면 다음과 같다.

첫째, 학교는 학생 각자에게 충분히 자기의 재질과 능력을 발휘할 수 있는 기회를 주어야 할 것이며,

둘째, 학생 개개인 또는 집단적으로 사회복지 향상을 위해 바람직한 방향으로 성장하게 해야 할 것이다.

그러나 학교 기능은 이 밖에도 지역사회의 중심 역할을 하는 기능이 있다. 따라서 학교시설은 다양한 학습의 장이 될 수 있으며 향토학교로서의 기능을 발휘해야 하며, 현재와 장래를 위해서 학생과 지역사회에 도움을 줄 수 있는 학교계획을 원만히 이룰 수 있어야 한다. 학교기능을 충분히 발휘하기 위하여 학교시설이 갖추어야 할 조건은 다음과 같다.

첫째, 융통성을 고려해야 한다는 것이다. 학교시설이 융통성을 가지기 위해서는 고층 건물보다 단층 교사가 바람직하다. 교지가 넓어야 하고, 교실을 확장하여 사용할 수 있도록 교실 간의 격벽을 이동식으로 하며 또한 이 격벽 중간에는 도관이 없도록 해야 한다. 학교시설은 지역사회에 개방되어야 하고, 지역사회의 실용적인 목적에 맞아야 한다. 난방 및 환기는 독립된 건물을 각기 개별적으로 조절할 수 있도록 설치되어야 한다. 창고는 편리하게 설계되어야 하고,

각종 시설은 각 목적용으로 설계되어야 한다. 이와 같은 시설의 융통성을 가장 잘 살린 것이 자기 수용형 교실이다. 교실의 용도를 융통성 있게 하기 위해서는 보통교실의 크기가 점차로 커져 가는 경향을 나타내고 있다.

둘째, 학교시설들은 가급적 서로 가까이 인접해 있어야 한다는 것이다. 예를 들면, 운동장과 교실의 근접성도 중요한 요건 중의 하나이다.

셋째, 시설의 연계성이 고려되어야 한다는 것이다. 예를 들면, 초등학교는 6세부터 12세까지 비교적 넓은 연령에 걸친 학생들이 교육받는 기관이다. 이러한 학생들을 잘 교육할 수 있는 시설이 마련되어야 한다.

넷째, 집단에 따라 알맞게 분리할 수 있는 시설이 요구된다. 학년 또는 학교의 특성에 따라 교실, 운동장, 유희장 등을 각각 분리하여 활용할 수 있어야 한다.

다섯째, 안정성을 고려해야 한다. 학교시설의 분리성, 연계성, 인접성 등과도 관련이 깊은 것으로, 안전성의 고려는 위험으로부터 학생들을 안전하게 보호할 수 있어야 한다는 것이다.

여섯째, 시설의 미적인 고려를 해야 한다는 것이다. 필수적인 학교시설에는 보통교실이 있고, 특별교실로서 과학실, 음악실, 미술실, 도서실, 공작실, 실과실, 특별활동실 등이 있다. 그리고 특수시설로 강당, 유희실, 급량실, 식당, 부엌, 교장실, 수부등사실, 위생실, 가이던스 및 카운슬링 실, 창고, 도서관, 변소, 매점, 교재창고, 음악기구창고, 시청각기구창고, 난방실, 기타 채광시설, 난방, 환기시설, 전화 등이 있다.

이와 같이 학교시설은 학생들의 교육을 위하여 계속적으로 이용되는 물적 조건으로 교지, 학교 건물, 공작물, 설비 등을 포함하는 포괄적인 개념이다. 학교시설은 교육과정의 공간적·물적 요소로서 학습을 성립시키는 데 결정적인 요소가 되고 있는데, 학교시설을 어떻게 구성하느냐 하는 문제는 학습자가 학습을 성공적으로 이끌고 학습효과를 극대화시켜 주는 데 매우 중요한 의미를 갖는다(조평호·김기태, 2004). 교구·설비는 교육활동을 원활히 수행하기 위해 꼭 필요한 자원으로 학습 현장에서 그 자체가 학습 내용인 동시에 학습 내용을 효과적으로 이끌 수 있는 교육 매체로서의 의미를 갖는다. 또한 교구를 적절하게 사용할 때 학습 효과를 최대한으로 제고시킬 수 있다(남정걸, 2009; 장택현, 2008). 따라서 각급 학교의 교구·설비는 학교의 교육목적을 효율적으로 달성하기 위하여 이용되는 매우 중요한 교육 환경의 한 요소라 할 수 있다.

교육시설은 교육을 하기 위한 자원 조건이기 때문에 학교교육과 역동적인 관계에서 이해되어야 한다. 교육시설은 교육활동의 성격 여하에 따라 융통성 있게 설계되고, 건축되고, 유지·관리되어야 한다. 교육의 기능이 교육시설에 따라 결정되는 것이 아니라 교육시설이 교육기능에 따라 결정되어야 한다는 것이다. 앞으로 변화가 예상되는 초·중등학교의 기능에 맞게 교육시설이 변화할 수 있게 이루어져야 함을 의미한다. 교육시설의 특수성은 다음과 같다(조평호·김기태, 2004; 조희형 외 2009).

첫째, 교육시설은 학생의 행동에 대하여 현재만이 아니라 미래의 행동에까지 지대한 영향을 미치고 있다.

둘째, 교육시설은 그 안에서 전개되는 교육과정의 운영을 지원하기도 하지만 경우에 따라서는 교육내용 자체의 성격을 좌우하며, 이를 제한하고 방해할 수도 있다.

셋째, 교육시설은 다른 시설과는 달리 그 형태가 다양하고 공간이 넓으며 앞으로 교육활동의 성격 변화에 대한 예측이 곤란하므로 이에 대비한 확장성이나 융통성의 범위가 크다.

2. 교구·설비

가. 교육시설

교육시설은 교육이념에 기초한 교육목적과 목표를 달성하고 이를 위한 제반 기능을 원활히 수행하는 데 필요한 공간과 물리적 환경 또는 형태로서 일정한 장소에서 계속적으로 교육활동을 영위하기 위하여 설비되어 있는 물적 조건(physical setting)을 포괄적으로 지칭한다. 즉 교육시설은 교육의 목적을 효과적이고 능률적으로 달성하기 위해 설치한 학교의 물리적 환경을 총칭한다.

교육시설은 일정한 장소에서 계속적으로 교육활동을 영위하기 위하여 설비되어 있는 물적 조건의 포괄적 지칭이며 학교 교육시설은 교지, 학교건물, 공작물, 설비 등을 포함한다(서울대학교교육연구소 편, 1994).

학교 교육시설 중 교지는 학교 건물의 기지, 옥외 운동장, 실험 실습지 등을 포함하는 학교용 토지를 의미한다. 학교 건물은 교지 위에 세워지는 학교의 건축물로서 교사, 옥내 운동장, 기숙사 등을 포함한다.

교사는 교실, 관리실, 특수 시설과 부속 시설로서 현관, 승강구, 계단, 복도 등을 포함한다. 교실은 일반 교실과 특수 교실로 구분하고 특수 시설은 강당, 체육관, 식당, 과학실험실, 시청각교실, 미술실, 음악실, 공작실, 가사실, 도서실, 표본실 등이 있다. 학교시설에는 공작물과 설비가 포함되는데 공작물은 문, 담과 같이 지면에 고착되어 있는 학교 건물 이외의 시설을 의미한다(교육사전편집위원회, 1986). 교육시설은 다양한 교수·학습활동의 학습공간, 즐겁고 여유 있는 쾌적한 생활공간, 지역주민의 평생교육과 문화를 위한 커뮤니티 공간, 정보화 사회에 대응하는 시설과 환경으로 인식되고 있다.

나. 교구와 설비

시설과 비슷한 의미의 '설비'라는 말은 시설보다 규모가 작고 가동적 면이 있는 것이 특징이다. 일반적으로 설비에는 비교적 분량이 적고 가동적인 것으로서 교단, 칠판, 음료수 장치, 조명장치, 난방장치, 방송, 영사, 녹음, 온실 등이 있다.

교구는 교수의 수단 또는 방법으로서, 교수를 용이하게 하고 교수효과를 높이기 위하여 사용되는 도구로서, 교재(敎材)가 교수-학습과정을 성립시키는 직접적인 매개물인 데 대해, 교구는 간접적인 매개물이라 할 수 있다. 또는 교재는 그 자체 안에 교육적 가치를 내포하고 있는 데 비하여 교구는 교재와 결부됨으로써 비로소 교육적 가치를 갖게 된다. 최근에는 교구라는 말과 대체해서 교구 미디어(instructional media)라든가, 교수 보조물(teaching aids)이라는 용어가 더 많이 사용된다. 이들은 보통 같은 의미로 사용되지만, 미국의 통신공학협회(AECT)가 제정한 의미로는 교수 미디어를 "완전한 정보를 제시하는 장치이며, 대개는 교수-학습과정에 있어서 보충적이기보다는 자기 충족적이다."라고 보고, 교수 보조물은 "교수-학습과정에 있어서 교사를 때에 따라서 돕고, 보충적인 자료를 제시하는 장치이며, 그 자체는 자기 충족적인 것이 아니다."라고 하여 이들을 구별하고 있다.

교재는 교육의 목적에 다라 학습시키는 데 필요하다고 인정된 교육의 내용, 즉 교육과정이나 단원을 구성하는 요소로서 그것이 교육의 방법에 따라 학습이 이루어지므로 학생의 특성에 따라 다양하게 제시될 수 있다. 따라서 교재는 학생의 지식이나 기능을 형성해 가는 소재가 되는 것이지 교재가 학생의 지식과 기능의 성격을 결정하는 것은 아니다. 학생의 학력은 교재에 대하여 학습시킨 결과 학습된 것으로 학생의 학습태도와 능력 또는 교사의 교육방법과 지도능력에 따라 좌우된다(교육사전편집위원회, 1986).

일반적으로 교육 활동은 교사, 학생, 교재 및 교구의 3요소에 의해서 이루어진다. 이 중에서 교구와 교재는 교육목표를 달성하기 위한 교육 내용과 교육 활동을 진행해 나가는 데 직접적인 소재가 되는 매체라 할 수 있다. 교재와 교구는 상호 밀접한 관계를 가지고 있어서 이들을 서로 구분하기 쉽지 않다. 그러나 굳이 구분한다면 교재가 내용적인 면, 즉 교육목표를 학생의 성장과 발달현상에 알맞게 체계화한 교육상의 소재를 의미한다면 교구는 교재의 내용을 학습시킬 때 사용되는 도구이고 수단으로서 물적 요소가 강하다(남정걸, 2009). 이처럼 교재와 교구는 교육목표나 학습 활동과 매우 밀접한 관련을 가지고 있다. 교재는 교육목표 달성을 위한 효율적인 학습 활동을 전개해 나가기 위해서 존재하는 것이기 때문에 교사는 교재 및 교구의 선정과 활용에 앞서 학생의 지적, 신체적, 정서적 특성과 교육 여건을 기반으로 한 교육목표 달성에 알맞은 교재 및 교구를 선정하여야 한다. 따라서 학생들의 흥미와 요구를 자극할 수 있고 학습 목표와 내용을 학생들에게 안내, 제시, 자극할 수 있는 자료의 개발과 교재 및 교구의 확충이 필수적으로 요구된다.

다. 교육 시설과 설비의 요건

학교 시설과 설비는 계획된 학습의 목표가 달성될 수 있도록 환경을 조성하여 최선의 교육 활동을 지원해 주는 데 그 목적이 있으므로 학교 교육목표에 알맞은 기본적이고도 전반적인 학교 시설·설비에 대한 교육적 필요가 검토되어야 한다. 교육시설을 할 때 일반적으로 고려해야 할 요건으로는 기능성, 경제성, 심미성, 안정성 등이 요구되고 있고, 미래의 교육목표 달성을 용이하게 하며 고차적인 유용성을 강조하고 있다. 이 밖에 학교 시설의 특성으로 요구되는 요인은 충분성, 적절성, 안정성, 건강성, 접근성, 융통성, 능률성, 경제성, 확장성, 외관성 등이 있다(조희형 외, 2009; 조평호·김기태, 2004; 장언경, 2002; 권치순 외, 2003; 전우수, 2003, 전우수 외, 2004; 김영진, 2002; 이정숙, 2002).

1) 기능성

교육시설의 주된 목적이 교육활동을 지원하여 학습효과를 높이는 데 있다. 오늘날의 교육은 효율적인 교수기술의 개발과 교수 공학적 기자재의 도입에 따라 교실 내부시설과 설비 배치의 융통성이 요구되고 있고, 학습의 개별화와 다양화에 따른 교수 공간의 다양성과 독자성을 필요로 한다. 이러한 학습집단의 다양화는 교수설계에서부터 변화와 융통성 있는 공간 배치를 요구하고 있다. 또한 학교의 각종 시설들은 종래에 학교교육 목적으로만 사용되어 왔지만 오늘날의 학교는 지역사회 구성원들의 교육장소, 봉사기관, 여가선용 장소 등 지역사회 센터로의 기능을 담당하고 있다.

2) 경제성

교육시설의 경제성은 교육시설이 수명을 다할 때까지 투자된 비용에 대한 가능한 가장 많은 교육시설의 활용도를 높이는 것이다. 경제성은 학교 시설을 계획함에 있어 최소의 비용과 교육적 효용, 능률과 유지 관리비의 복합적 요소를 포함하고 있다.

3) 심미성

심미성은 학교시설을 안전하면서도 미적 감각도 갖춰 학생들에게 친근감과 애교심을 갖도록 설계가 되어 학습의욕도 높이고 학습효과를 기대할 수 있어야 한다. 따라서 학교 건물은 주변과 조화를 잘 이루도록 설계하고 건물의 형태나 채색 면에서도 미적 감각과 심리적 효과를 고려하여 시공하는 것이 필요하다.

4) 안정성

현대생활에는 때와 장소를 가리지 않고 항상 위험이 도사리고 있다. 학교 내에서도 만약의 사고에 대비한 비상 출구를 마련해 놓고, 평소에 비상출구를 사용하는 훈련을 하는 것이 필요하다. 학교 안전성에서 가장 큰 비중을 갖고 있는 요인의 하나가 화재에 관한 것이다. 특히 학교 시설에는 가연성 재료가 많아 화재에 대한 관심을 각별히 가져야 한다.

라. 각급 학교 시설의 기준

학교의 기능을 효율적으로 수행하기 위하여 학교가 갖추어야 할 시설기준을 법령으로 보호하고 있다. 1962년 12월 대통령령 제4398호로 공포된 '학교시설·설비기준령'은 1997년 9월 대통령령 제15483호로 '고등학교 이하 각급 학교 설립·운영규정'으로 개편되었다. 이 법은 대학을 제외한 각급 학교에 대한 시설의 최저 기준을 명시하고 있다. 그 주요 내용을 보면 다음과 같다(서울특별시교육청, 2004; 김은경, 2007; 법제처, 2008; 법제처, 2007).

(가) 교사: 교사란 각급 학교의 교실, 도서실 등 교수 학습에 직·간접적으로 필요한 시설을 말하는 것으로, 교수·학습과 보건 위생에 적합한 것이어야 한다.

(나) 체육장: 체육장은 배수가 잘되거나 배수시설을 갖춘 곳에 위치하여야 한다. 체육장의 기준 면적을 명시하고는 있으나 교육상 지장이 없다고 인정되는 경우에 한하여 두지 않거나 완화할 수 있다.

(다) 교지: '고등학교 이하 각급 학교 설립·운영규정'에 의하면 교지란 교사용 대지와 체육장의 면적을 합한 용지를 말한다. 교지는 교사의 안전, 방음, 환기, 채광, 소방, 배수 및 학생의 통학에 지장이 없는 곳에 위치하여야 한다.

(라) 교구: 각급 학교에는 학과 또는 교과별로 필요한 도서, 기계 등의 교구를 갖추어야 한다. 구체적인 교구의 종목 및 기준은 학교의 실정에 맞도록 시·도 교육감이 정하여 고시하도록 되어 있다.

(마) 실험·실습실: 실업계 고등학교 및 고등기술학교와 이에 준하는 각종 학교에는 당해 학교의 교육과정에 필요한 실험·실습 시설 및 설비를 갖추어야 한다.

(바) 급수·온수 공급시설: 각급 학교에는 수실 검사 결과 위생상 무해하다고 판단되는 급수시설을 두어야 한다. 그리고 온수를 공급할 수 있는 시설을 갖추도록 되어 있다.

(사) 교사의 내부환경 기준: 교사의 내부환경은 교수·학습에 적합하여야 하는데 조도는 책상 면을 기준으로 300lux 이상이어야 하고, 소음은 55db 이하여야 한다. 그리고 실내 온도는 18℃ 이상이어야 함을 규정하고 있다.

(아) 시설의 조사: 각급 학교장은 매년 1회 현재 시설 설비 등의 보유 현황을 교육과학기술부장관 또는 시·도 교육감에게 보고하여야 하며, 사립의 각급 학교에 대해 시·도 교육감은 기준에 미달할 경우 보완을 명할 수 있으며 지정 기간 내에 이행하지 못할 때에는 학생 정원의 감축 등의 행정·재정적 조치를 취할 수 있다.

마. 학교 시설·설비의 기능

학교의 시설·설비는 교육의 목적을 효과적으로 달성하기 위한 물적 조건이다. 따라서 학교 시설·설비는 학교 교육 활동에 따라 교육시설의 기능을 학습 기능과 생활 기능으로 나눌 수 있는데, 학내에서 학습과 생활은 엄밀히 구분하기 어려우며 자율성, 창의력, 호기심, 감상, 구성, 표현력 등은 양자가 직결되어 있다.

1) 학습기능

최근의 교육은 주입식 교육에서 개별화와 다양화로 발전되고 있어서 단순히 지식의 기억에 그치지 않고, 그것을 적용, 분석, 종합, 평가해야 하는 고등정신 기능을 함양하고 학생들의 창의적인 탐구활동과 발견학습을 강조하고 있다. 따라서 학교 시설 및 설비는 탄력성 있게 운영되어야 한다. 학생들의 구체적인 탐구활동과 발견학습을 하는 데 있어서 개개인이 이해 수준과 진로 및 학습규모, 다양한 학습, 매체의 활동, 융통성 있는 공간 활용 등 학교 건축과 시설·설비 계획이 뒷받침되어야 한다.

2) 생활기능

학생들은 하루 생활의 대부분을 학교에서 보내므로 일상생활의 대부분의 습관이 학교에서 이루어진다. 학교는 학습의 장(場)일 뿐만 아니라 학생과 교사 및 교직원이 함께 생활하는 장이기 때문에 학교 시설의 생활기능은 학습 기능과 동시에 중요시되어야 한다.

생활공간으로서 학교 시설·설비를 적절하게 갖추고 학생들이 편리하게 이용할 수 있고 시간의 낭비가 없도록 시설 상호 간의 연계성을 고려한 배치계획까지 고려되어야 한다.

3. 초등학교 교구 관련 선행 연구

이상풍(2005)은 표준 교구안과 실과 실습실 모델을 개발하여 타당도 검증을 실시하고, 전국 16개 시·도 교육청, 제7차 교육과정의 실과 교육과정을 분석하였다. 그는 초등학교 16개 교육청 중에 실과 실습실의 설비에 대해 1개 교육청만이 구체적으로 제시하였고, 대부분의 교육청에서는 설비에 관한 사항을 구체적으로 제시하지 못하였다고 밝혀 실과 실습실의 설비에 교육청이 보다 많은 관심을 가지고 지원하는 것이 필요하다고 하였다. 이 연구에서 그는 지역에 따라 실과 실습실의 면적이 동일하지 않은 것을 밝혀 이에 대한 개선이 요구된다고 하였다.

조세현(2003)은 초등학교 과학 교구 관리시스템에서 학교에서 관리하는 과학 교구 관리업무를 시·도교육청 기준안에 따라 표준화, 정보화하고 또한 교육청의 교구기준에 따라 자료를 선정하여 업무의 효율성과 신속성을 증진시킬 수 있고, 초등학교 교구기준에 맞추어 설계함으로써 기준량, 보유량 및 부족량의 파악과 교구 확충계획을 효율적으로 수립하여 업무의 경감과 인력 및 시간의 낭비를 줄일 수 있다고 하였다.

유성아(2003)는 신설 초등학교의 시설·설비에 대한 초등학생의 만족도에서 시설·설비에 대해 대체적으로 만족하는 것(70%)으로 나타났고 교구에 대해서는 50%가 만족하는 것으로 나타나, 초기부터 교구가 제대로 갖추어져야 함을 보고하였다. 그리고 신설초등학교 시설의 현대화, 공간 구조가 다양화됨에 따라 전체적으로 건물 구조가 복잡하고 이동거리가 길다고 하여 건물의 효율적 건축이 이루어져야 한다고 주장하였다.

구동근(2002)은 초등학교 시설·설비의 발전 방향 탐색 연구에서 체육장의 설비 기준이 부족하고 표토는 부드럽지 못하며 적당한 수분을 유지하고 있지 못한 것으로 나타났으며 냉·난방 효과에 대해서도 좋지 않은 것으로 파악되었다. 교재와 교구에 있어서도 양과 질을 강화하여 학생들의 욕구를 충족시켜야 한다고 하고, 각종 특별교실도 학급 수에 비해 보유실수가 부족한 것으로 나타나 이에 대한 대책이 필요함을 지적하였다.

박노진과 김대식(2002)은 전국 시·도 중학교 과학 교구·설비 기준 비교 연구에서 각 시도별로 비교 분석하여 시도별로 그 차이가 있음을 보고하였다. 이를 해결하기 위해 과학 교구 기준안 작성 시에 일선교사가 참여한 심의기구를 조직하고 충분히 검토해서 기준안을 작성하고 시·도 교육청에서 교과서의 실험 내용에 나오는 교구와 고가의 교구들은 필수로 지정하고 기타 교구들은 일선 담당 교사의 교육활동에 따라 학교 자체에서 기준을 작성하여 사용하면 제정 지원이나 과학 교육활동에 조화를 이룰 수 있다고 하였다.

홍경인(2005)은 음악과 학교교구·설비기준의 문제점으로 음악과의 교육목표인 음악성과 창의성을 기르기 위한 수업에 적합하지 않게 구성되어 있고 음악수업을 위해 꼭 필요한 음악 준비실, 악보대 등이 제외되어 있고 수업에 실질적인 도움이 되는 교구종목이 부족하다고 지적하였다.

김종희(2004)는 최근의 교단 선진화에 따른 교육 정보화 시설의 확충, 교구·설비의 증가에 따라 비록 일반 교실의 크기일지라도 상대적으로 실제 사용 가능한 면적은 좁아짐으로써 특수교실 면적의 증가가 필요함을 지적하였고, 교구에 있어서도 특수교육에 필요한 더 많은 교구가 확보되어야 함을 강조하였다.

교구의 종류 및 형태와 놀이 유형에 대한 연구로 Alstyne은 112명을 대상으로 25가지 교구에 대한 어린이의 반응을 관찰한 결과, 장난감 접시, 속이 빈 적목, 인형, 수레, 전화기 등은 어린이의 대화를 촉진시키고 협동심을 고취했다고 하였다. Quilitch 등(1973)은 사회적 놀이에 미치는 교구의 효과 연구에서 고립적 교구, 사회적 교구를 다른 시기에 가지고 놀게 한 결과, 핑거토이, 점토, 그리기 자료같이 혼자서 놀 수 있는 교구를 가지고 놀 때는 놀이 시간 15%만 사회적 놀이를 했으나, 카드 및 체스 게임같이 둘 이상의 유아가 놀 수 있는 사회적 교구를 가지고 놀 때는 78%가 사회적 놀이를 하였다고 보고하였다.

이상의 연구들을 종합해 보면, 각 지역마다 교육시설 및 교구의 차이가 있고 대부분이 시설과 교구가 미흡한 것으로 밝혀졌다.

따라서 2007 개정 교육과정에 알맞은 서울특별시 소재 각급 학교의 시설과 교구·설비에 대한 기준안이 절실히 요구되고 있음을 알 수 있다. 또한 현장교사의 참여가 교육과정의 실현을 가능하게 하는 요인으로 작용하고 있는 것으로 파악되었다. 그러므로 앞으로 초등학교의 교구·설비 기준안을 작성할 때에는 반드시 현장 교사가 계획 단계부터 참여하는 것이 바람직하다고 판단된다.

III. 결 론

교구에 대한 인식이 점점 높아지고 있는 현실에서 개정된 교육과정에 충실한 교구의 선정 및 보급은 학생들의 학습의욕을 높일 수 있으며 교육 예산을 효율적으로 배분 및 관리할 수 있다. 교구의 적절한 사용시기와 필요한 물량을 제시해 줌으로써 학교 예산을 책정하고 반영하는 데 큰 도움을 줄 수 있을 것이다. 교육 환경에 대한 기준을 제시하고 그 기준을 지킴으로써 교육 수요자의 만족도 증가할 수 있다. 학생과 학부모의 입장에서도 개정된 교육과정에 필요한 학습 교구가 단위학교에 갖추어져 있으므로 질 높은 수업을 받을 수 있어 공교육의 교육정상화에도 큰 도움이 될 것이다. 개정 교육 과정을 분석하고 그에 맞는 교구를 미리 준비함으로써 교사의 교육 활동에 도움을 줄 수 있다. 수업 준비에 있어 개정된 교육 과정에 맞는 교구가 미리 제공됨으로써 교사의 질 높은 수업을 함에 있어 긍정적인 영향을 끼칠 것이다. 서울 각 지역별 학교급 간에 따라 교육 환경이 큰 차이가 나지 않도록 하며, 최소한의 질이 보장된 수업 환경을 만들 수 있다. 준비된 교구가 파손, 손실될 경우 필요한 수량을 쉽게 확인할 수 있으며 교구의 유지 및 보수에 도움을 줄 수 있다.

참고문헌

강호감(1991). 두뇌의 기능 분화에 따른 교수전략이 창의력 및 자연과 학업성취도에 미치는 영향. 서울대학교 대학원 박사학위논문.

강순자, 권정민, 여성희(1997). 초등학생의 과학개념, 과학과 관련된 태도, 지능의 상관관계 연구. 한국생물교육학회지, 25(2), 243－248.

강순자, 권주희, 여성희(1999). 법률학적 모형에 의한 STS 프로그램이 고등학교 학습부진아의 학업성취도와 태도에 미치는 효과. 한국과학교육학회지, 19(2), 248-255.

국립교육평가원(1996). 수행평가의 이론과 실제.

교육부(1999). 수준별 교육과정 편성·운영의 실제.

교육부(1998). 초등학교 교육과정 해설.

교육부(1997). 과학과 교육과정.

교육인적자원부. 과학 초등학교 교사용 지도서

교육인적자원부(2007). 과학과 교육과정.

교육인적자원부(2001). 초등학교 과학지도서. 서울: 대한 교과서 주식회사.

교육과학기술부(2008). 과학교과서(실험본). 금성출판사.

교육과학기술부(2008). 실험관찰(실험본). 금성출판사.

교육과학기술부(2008). 과학교사용지도서(실험본). 금성출판사.

교육인적자원부(1997). 초등학교 교육과정.

권재술, 김범기(1994). 초·중학교 학생들을 위한 과학 탐구 능력 측정도구의 개발. 한국교원대학교 물리교육연구실.

권재술, 이성왕(1998). 물리 문제 해결 실패자와 성공자의 문제 해결 사고 과정에 관한 연구. 한국과학교육학회지, 8(1), 43－56.

권재술 외 5인, 과학교육론, 교육과학사, 1998.

권치순, 박도영(1990). 국민학생들의 과학에 대한 태도 조사연구. 한국과학교육학회지, 18(4). 601－616.

권치순, 박병태, 유주선(2010). 초등과학학습부진아에 대한 고찰. 서울교육대학교.

권치순 외(2003). 전국 초·중등학교 과학실험실 현대화의 방향 세미나 자료집. 한국과학교육총연합회.

권치순, 허명, 양일호, 김영신(2004). 초, 중, 고 학생들의 과학 태도 변화에 대한 학습 환경의 원인 분석. 한국과학교육학회지, 24(6), 1256－1271.

권치순, 최경희(2006). 교육과정 변천에 따른 초등학교 과학과 대기와 날씨에 관한 내용 분석, 초등과학교육학회지, 25(1), 15－26.

김건영(2007). 초등학교 학습우수아의 학습기술 분석. 한국교원대학교 석사학위논문.

김경근, 성열관, 김정숙(2007). 학력 부진 아동의 특징 및 발생 원인에 대한 면담 연구. 교육사회학 연구 제 17권 3호, 27-52.

김미나(1999). 초등학교 학생의 자연과에 대한 학습 흥미도 조사(생물영역). 서울교육대학교 석사학위논문.

김범기, 이항로, 김기정(1996). 천문 개념 성취도와 공간 능력과의 상관 관계에 관한 연구. 초등과학교육, 15(2), 315－325.

김수미, 정영란(1997). 항상성 동·식물 분류, 식물의 양분 생산에 대한 학생의 개념 조사와 오개념 형성원인으로써 교사 요인의 분석. 한국과학교육학회지, 17(3), 261－271.

김언주(1993). 인지심리학. 서울: 정민사.

김영민, 이성이(2001). 학교 과학 우수아들의 논리적 사고력 수준과 물리심화 학습성취도의 상관 조사. 한국과학교육학회지, 21(4), 677－688.

김영식(2002). 과학혁명. 아르케.

김영식, 박성래, 송상용(2000). 과학사. 전파과학사.

김영신, 양일호(2005). 초등학교 학생들의 과학 태도 변화에 영향을 미치는 요인 분석. 초등과학교육, 24(3), 292－300.

김영신, 정완호, 이진희(2001). 과학 추론능력과 과학 탐구능력에 영향을 미치는 학습자 변인 분석. 초등과학교육, 20(1), 1－8.

김영진(2002). 중학교 체육교사의 체육시설 및 교구설비에 대한 만족도. 대구대학교 교육대학원 석사논문.

김영채(2006). 창의적 문제 해결: 창의력의 이론, 개발과 수업. 교육과학사.

김용권, 이총영, 이석희(2004). 과학놀이 활동이 아동들의 과학적 태도와 탐구능력에 미치는 효과. 초등과학교육, 23(1), 17－26.

김은경(2007). 한·일 방과 후 보육시설의 물리적 환경에 관한 법령 비교연구. 숙명여자대학교 교육대학원 석사논문.

김은진(2006). 과학 문제 풀이 과정에서 나타난 초등과학 영재들의 사고 특성 탐색. 초등과학교육, 25(2), 179－190.

김재우, 오원근, 박승재(1998). 중학교 1학년 학생들의 자유 탐구 보고서에서 나타난 변인의 유형. 한국과학교육학회지, 18(3), 297－301.

김재우, 정은영(2006). TIMSS 2003에서 우리나라 중학생들의 물리 성취도 분석, 새물리, 52(1).

김종희(2004). 장애 유아 교육을 위한 교구·설비 기준의 적합성과 인식도 조사. 평택대학교 교육대학원 석사논문.

김찬종(1998). 초등과학 우수 학생의 일상적 맥락의 과학 문제 해결 과정: 서답형 문항에 대한 응답 분석. 한국초등과학교육학회지, 17(1) 75－87.

김창식 외(2002). 과학실험실 시설 및 설비. 한국과학교육단체총연합회.

김태선, 배덕진, 김범기(2002). 중학생의 그래프 능력과 논리적 사고력 및 과학 탐구 능력의 관계. 한국과학교육학회지, 22(4), 725－739.

김태선, 고수경, 김범기(2005). 고등학생들의 그래프 능력과 과학 탐구 능력 및 과학 학업 성취도의 관계. 한국과학교육학회지, 25(5), 624－633.

김태훈, 민병미, 손연아(2004). 고등학교 학생의 표상학습과 생물학업 성취도의 관계. 한국생물교육학회지, 32(4), 325－333.

김효남, 정완호, 정진우(1998). 국가 수준의 과학에 관련된 정의적 특성이 평가 체제 개발. 한국과학교육학회지, 18(3), 357－369.

김희령, 여성희(2004). 제7차 교육과정에 따른 중학교 2학년 과학교과서의 과학 탐구 과정과 학생들의 과학 탐구 능력 실태분석. 한국생물교육학회지, 32(4).

김희백, 김미영, 임성민(2004). 일반계 고등 학생의 성별 과학 선호도와 인과 요인 분석. 한국과학교육학회지, 24(2), 387－398.

남상준 외(2007). 어린이 초록 마을·나라·세상. 환경부.

남승인, 류성림(2002). 문제 해결 학습의 원리와 방법. 서울: 형설출판사.

남정걸(2009). 교육행정 및 교육경영. 교육과학사.

노국향, 최미숙, 최승현, 박경미, 신동희(2001). PISA 2000 평가 결과 분석 연구. 한국교육과정평가원 연구보고 RRE 2001－9－3.

노태희, 임희준, 차정호, 노석구, 권은주(1997). 협동학습 전략의 교수 효과 : 물상수업에 LT모델 적용. 한국과학교육학회지, 17(2), 139-147.

노태희, 전경문(1997). 물질의 분자 수준을 시각적으로 강조하는 4단계 문제 해결식 수업이 학생의 개념과 문제 해결 능력에 미치는 효과. 한국과학교육학회지, 17(3), 313－321.

노태희, 전경문(2002). 해결자·청취자 문제 해결 활동에서의 소집단 과정. 한국과학교육학회지, 22(3), 411～421.

노태희, 전경문, 최용안, 권은주(1997). 학생의 인지 발달 수준과 문제의 상황에 따른 화학 문제 해결 행동 비교. 한국과학교육학회지, 16(4), 389－400.

노태희, 최용남(1996). 성 역할의 관점에서 조사한 과학자와 자신에 대한 이미지의 격차 및 과학 관련 태도와의 관련성 조사. 한국과학교육학회지, 16(3), 401－409.

로이 포터/조숙경 옮김(2003). 2500년 과학사를 움직인 인물들. 창작과비평사.

박귀자, 민천식(2007). 학습동기 향상 프로그램이 학습부진아의 학습태도에 미치는 효과. 대구교육대학교 초등교육연구논총

박남기 · 강원근 · 고전 · 김용 · 박상완 · 성병창 · 유길한 · 윤홍주 · 정수현 · 조동 공저(2009). 초등학급경영의 이론과 실제. 교육과학사.

박노진, 김대식(2002). 전국 시 · 도 중학교 과학 교구 · 설비 기준 비교. 과학교육 연구논총 제18권 1호, 13 – 22.

박미아, 신영준, 장남기(2001). 중고등학생들의 과학 관련 경험도에 있어서의 성차에 관한 연구. 한국생물교육학회지, 29(3), 281 – 287.

박범익, 권치순, 전우수(1990). 탐구활동을 통한 과학교수법. 전파과학사.

박병태(2008). 초등최상위권 학생의 과학문제해결과정에 따른 성별 특성. 단국대학교 박사논문.

박성숙, 이성한(2007). SQ3R 독해전략프로그램의 적용이 학습부진아의 국어과 교과 독해력과 자기 효능감에 미치는 효과. 아동연구(16), 97-112.

박숙희(1994). 뇌의 기능 분화와 창의성, 학업 성취의 관련 연구. 성신여자대학교 교육대학원 박사논문.

박승재, 전우수, 윤진, 임성민, 박종윤, 김희백, 유준희, 송진웅(2002). 초중등학생의 과학선호도 실태분석과 증진방안. 서울대학교 물리학습연구실 과학문화교육연구소.

박아청(1992). 현대의 교육 심리학. 서울: 학문사.

박윤배(1991). 역학 문제 해결에 있어서의 오류 유형. 물리교육, 9(1). 14 – 23.

박윤배, 김미영(2006). 협동해결과 개별해결에서 나타난 물리문제해결과정의 차이. 한국과학교육학회지, 26(1), 114 – 121.

박윤배, 조윤경(2005). 정성적, 정량적 문제에 대한 고등학생들의 물리 문제 해결과정 분석. 한국과학교육학회지, 25(4), 526 – 532.

박정, 곽영순, 김경희, 정은영, 이미경, 최석진, 최운식, 김선희, 이종희, 허명 (2004). 남 · 여학생의 성취도 차이 해소 방안: TIMSS와 PISA 2003 결과를 반영하여. 한국교육과정평가원 연구보고서 RRE 2004 – 10.

법제처(2000). 영재교육진흥법

법제처(2002). 영재교육진흥법 시행령

박찬주, 동효관, 신영준(2007). 성별에 따른 초등학생의 과학 선호도 차이가 과학 선호도에 영향을 주는 요인 분석. 초등과학교육, 26(2), 216 – 225.

박학규(1993). 학생들의 물리 문제 해결 과정과 문제공간의 유형 분석. 한국교원대학교 박사학위 논문.

박학규, 권재술(1990). 물리 문제 해결에 관한 초심자의 프로토콜 분석 연구. 한국과학교육학회지, 10(1), 57 – 64.

박학규, 권재술(1991). 물리 문제 해결에 관한 최근 연구의 분석. 한국과학교육학회지, 11(2), 67-77.

박학규, 이용현(1993). 물리 문제 해결 과정에서 중학생들의 사고 과정의 특성 분석. 한국과학교육학회지. 12(3). 49-59.

서경희(2001). 문제 해결 전략에서 시각적 조직화 협동학습의 교수 효과. 서울대학교 석사논문.

서울교육대학교 과학교육과정연구위원회(1999). 과학과 수준별 교육과정 운영을 위한 심화·보충 교수-학습 자료 개발 연구.

서울특별시교육청(2002). 과학교육 운영의 실제.

서울특별시 교육연구원(1998). 자기 주도적 학습의 이론과 실제.

서울특별시교육과학연구원영재교육지원센터(2003). 과학영재교수·학습 자료.

서유헌(2000). 잠자는 뇌를 깨워라. 서울: 평단문화사.

성태제(2002). 문항제작 및 분석의 이론과 실제. 학지사

성태제, 시기자(2006). 연구방법론. 학지사.

소금현, 심규철, 이현욱, 장남기(2000). 중학교 과학 영재 학생의 과학 관련 태도에 관한 연구. 한국과학교육학회지, 20(1), 166-173.

송기호(2005). 학교도서관 교구·설비기준 개선 방안. 한국문헌정보학회지 제39권 제2호, 57-84.

송진웅, 박승재, 장경애(1992). 초·중·고 남녀 학생의 과학 수업과 과학자에 대한 태도. 한국과학교육학회지, 12(3), 109-118.

송현미(2006). 물질대사 단원의 서술형 문제 해결학습에 있어 동료 평가의 효과 및 소집단별 언어적 상호작용 분석. 한국교원대학교 박사학위논문.

신동희, 박정(2002). 국제 비교 연구에 나타난 우리나라 학생들의 지구과학 성취도: 성 차이를 중심으로. 한국지구과학회지, 23(3), 207-220.

신동희, 권오남, 김희백(2006). TIMSS 2003 과학 공개 문항 내용 분석에서 나타난 성별 문항 응답 특성. 한국과학교육학회지, 26(6), 732-742.

신동희, 김동영(2003). 평가 방법에 따른 과학 성취도에서의 성 차이. 한국과학교육학회지, 23(3), 265-275.

신동희, 박병태(2007). 국내 과학 교육에서의 성 차이 경향 파악을 위한 문헌 분석. 한국지구과학교육학회지, 28(4), 453-461.

신동희, 박정, 노국향(2002). OECD 주관 학생 성취도 국제비교연구(PISA 2000) 지구 환경 과학 영역 성취도에서의 성 차이. 한국과학교육학회지, 22(1), 40-53.

신동희 외(2005). 환경 교육 교재 발간 로드맵 수립 연구 과제. 환경부.

신영준(2000). 여학생 친화적 과학 수업 전략이 반영된 문제 중심 간학문적 프

로그램의 효과. 한국생물교육학회지, 28(2), 100－109.

안계원, 정영란(1996). 중학생의 과학에 관련된 태도, 과학성적, 과학 탐구능력, 과학교사의 과학에 대한 태도의 상관 관계. 한국과학교육학회지 16(4), 410~416.

양태연, 배미란, 한기순, 박인호(2003). 과학영재의 과학 관련 태도와 지능 및 과학 탐구 능력과의 관계, 한국과학교육학회지, 23(5), 531－543.

여상인, 김희정(2005). 성별에 따른 초등학생의 과학 학력과 인지적 언어 능력 및 그 상관. 초등과학교육, 24(1), 51－58.

우종옥, 김범기, 허명, 김찬종, 양일호, 최관순, 김태선(1999). 초·중·고 학생들의 과학 탐구 능력 추이 분석을 위한 종단적 연구, 한국과학교육학회지, 19(2), 173－184.

우종옥, 이항로, 민준규(1995). 계통도를 이용한 중, 고등학생의 지구와 달의 운동에 관한 개념 유형 연구. 한국과학교육학회지, 15(4), 379－393.

우현경(2004). 과학 놀이 학습을 통한 과학 학습 부진아 지도 연구. 서울교육대학원 교육대학원 석사논문.

유성아(2003). 신설 초등학교의 시설·설비에 대한 초등학생의 만족도 조사. 건국대학교 교육대학원 석사논문.

유인협, 조선형(1997). 초등학생들의 과학 탐구 능력과 과학 불안에 관한 연구. 초등과학교육, 16(1), 69－82.

윤동호(2006). 제7차 교육과정 고등학교 생물Ⅰ의 실험실습교구 적절성에 관한 연구. 중앙대학교 교육대학원 석사논문.

이경화, 최병연, 박숙희(2005). 영재교육. 박학사.

이경훈(1998). 고등학생의 과학에 관련된 태도와 과학 성취도와의 관계. 한국과학교육학회지, 18(3), 415－425.

이국행, 이정원, 서재복, 강현아(2006). 영재교육과 평가. 학이당.

이문원, 조희영(1985). 고교생의 성별에 따른 과학과목의 성취도 차이의 원인에 대한 연구. 한국과학교육학회지, 5(1), 35－48.

이미경, 곽영순, 민경석, 채선희, 최성연, 최미숙, 나귀수(2004). PISA 2003 결과 분석 연구. 한국교육과정평가원 연구보고 RRE 2004－2－1.

이미경, 홍미영, 정은영(2004). TIMSS－R 과학 성취도에서의 성 차이. 한국과학교육학회지, 24(6), 1235－1244.

이미경, 허명(2004). 남·여학생의 과학 학력 차이. 세미나 자료, 한국교육과정평가원, 이화여자대학교, 52－84.

이상품(2006). 초등학교 실과실습실 설비·교구 배치의 최적화 방안. 공주교육대학교 교육대학원 석사논문.

이성왕(1987). 물리문제해결 과정에서의 전문가와 초심자의 사고과정의 비교 분석. 석사학위논문, 한국교원대학교.

이영아, 임채성(2001). 초등학교 과학과 심화학습에서 다중지능을 활용한 과학 활동이 초등학생의 과학탐구 능력과 흥미에 미치는 효과. 초등과학교육, 20(2), 239-254.

이유경(1999). 초등학교 학습우수아와 부진아의 자기조절 학습전략 차이 분석. 석사학위논문, 한국교원대학교.

이정임(2000). 인류사를 바꾼 100대 과학사전. 학민사.

이정숙(2002). 초등학교 특수학급 교구·설비 기준의 실태 및 요구 조사. 공주 대학교 특수교육대학원 석사논문.

이재천, 김범기(1996). 고등학생들의 과학에 대한 정의적 인식과 과학 탐구 능력 및 과학 학습 성취도의 구조 분석. 한국과학교육학회지, 16(3), 249-259.

이재천, 김범기(1999). 과학교사에 의해 조성되는 심리적 학습환경이 학생들의 과학 성취도에 미치는 효과. 한국과학교육학회지 19(2), 315~328.

이종금(2000). 초등학교 자연과에 대한 학생의 흥미도와 성취도에 관한 연구. 서울교육대학교 석사학위논문.

이현래, 김범기(2005). 중학생의 학습양식 유형에 따른 과학 탐구 능력. 한국과 학교육학회지, 25(5), 541-546.

이환길(2007). 학습부진 학생들의 행위 특성에 기초한 맞춤형 교육원리에 관한 일 연구. 청소년학연구(15-2). 33-55.

이혜주(2006). 초등학교 아동의 과학적 문제 발견 능력에 영향을 미치는 관련 변인에서의 남녀 차이. 초등과학교육, 25(4), 419-429.

임청환(1995). 국민학교 중학생들의 과학에 관련된 태도에 관한 연구. 한국과 학교육학회지, 9(1), 91-100.

임청환, 남진수(1999). 초등학생의 정신용량과 인지양식에 따른 과학 탐구 능력. 한국과학교육학회지, 19(3), 441-447.

임채성과 왕경순(2000). 다중지능에 기초한 과학 프로젝트 활동이 초등학교 아동의 문제 해결 행동에 미치는 영향. 한국초등과학교육학회지, 19(1), 71-83.

임청환, 정진우(1991). 고교생의 논리적 사고력과 과학 탐구 기능 사이의 상관 관계에 관한 연구. 한국과학교육학회지, 11(2), 23-30.

장언경(2002). 교육과정 중심의 초등학교 시설·설비 개선 연구. 서울교육대학 교 교육대학원 석사논문.

장택현(2008). 교육행정 및 교육경영. 교육과학사.

전경문(1997). 발성사고법을 이용한 중학생의 화학 문제 해결 과정 연구. 서울대 학교 석사학위논문.

전경문(1999). 문제 해결 전략과 해결자·청취자 활동; 화학 수업에서의 교수
　　효과 및 소집단 문제 해결 과정, 서울대학교 대학원 박사논문.

전경문, 노태희(2000). 해결자·청취자 활동에서의 언어적 행동. 한국과학교육학
　　회지, 20(4) 624～633.

전경문, 박현주, 노태희(2006). 동기 및 인지 변인이 화학 선다형 수리 문제 해
　　결에 미치는 영향: 성취목적, 유능감, 학습 전략, 자기 조절 능력. 한국
　　과학교육학회지, 26(1), 1－8.

전경문, 서인호, 노태희(2000). 화학문제 해결력과 자아 효능감. 한국과학교육학
　　회지, 20(2).

전경옥(1999). 초등학교 미술교육을 위한 바람직한 물리적 환경. 한국교원대학교
　　대학원 석사논문.

전경원(2003). 한국의 새천년을 위한 영재교육학. 학문사.

전우수(2003). 초등학교용 과학교구 목록 및 실험실 구성 권장모델 개발. 공주교
　　육대학교.

전우수 외(2004). 전국 초·중등학교 과학실험실 현대화를 위한 세미나 자료집.
　　한국과학교육단체총연합회.

전우수, 임성민, 윤진(2003). 초등학생의 과학선호도. 초등과학교육, 22(1), 81－96.

전평국, 박성선(1991). 정보－처리 이론과 문제해결. 한국교원대학교 청람 수학
　　교육 제1집.

정경아, 정해숙, 신동희, 서혜애(2003). 중등 학생의 과학에서의 성별 격차 및 해소
　　방안에 관한 연구. 교육인적자원부 정책연구과제 연구보고서 2003－14.

정경아, 최윤정, 윤초희, 이미순(2006). 영재교육 성별 실태 및 영재 여학생 육
　　성 방안. 한국여성개발원, 2006 연구보고서－10.

정미라, 이기영, 김찬종(2004). 초등학교 학생들의 과학 선다형 문항 풀이 과정
　　에서의 오류분석. 초등과학교육, 23(4), 332－343.

정병찬(2002). 학습우수아와 학습부진아의 자아개념 비교 분석. 혁사학위논문.
　　순천대학교 교육대학원.

정영선(2003). 계획과 검토 단계를 강조한 문제 해결 전략과 해결자·청취자 활
　　동의 교수 효과. 서울대학교 석사학위논문.

정영란, 손대희(2000). 협동학습 전략이 중학교 생물학습에서 학생들의 학업성취도와
　　과학에 대한 태도에 미치는 영향. 한국과학교육학회지, 20(4), 611－623.

정원우 외 4인(2003). 과학사와 과학철학. 경북대학교출판부.

정원우, 이우봉, 문장수, 김선하, 오동원(2006). 과학사와 과학철학. 경부대학교
　　출판부.

조석희 외(2003). 영재성의 발굴 및 계발에 영향을 미치는 요인 분석 연구. 한국

교육개발원 수탁연구 CR 2003－28.

조선일보(2007). 과학 영재 교육의 '추락' 조선일보 2007년 12월 5일자 A1면 기사.

조평호, 김기태(2004). 교육재정과 학교시설. 교육과학사.

조희형·김희경·윤희숙·이기영(2009). 과학교육의 이론과 실제. 교육과학사.

조희형, 박승재(2001). 과학론과 과학교육. 서울: 교육과학사.

조희형, 최경희(2000). 과학 교수－학습과 수행평가. 서울: 교육과학사.

조희영, 최경희(2005). 과학교육의 이론과 실제, 교육과학사.

최경희(2001). 과학 교과에서의 양성 평등 교육을 위한 교수 학습 전략 및 자료 개발 방안. 한국과학교육학회지, 21(1), 213－230.

최경희, 김경미(2001). 여학생에게 친근한 과학 학습 내용 및 방법을 적용한 수업이 여학생들의 과학 학습태도에 미치는 영향. 한국과학교육학회지, 21(1), 149－159.

최돈형 외 9인(2005). 환경 사랑. 대한교과서.

최석진 외 22인 공저(2002). 21세기 한국의 환경교육. 교육과학사.

최선영, 장남기(2003). 초등학생의 창의력, 학업성취도 및 과학 관련 태도를 신장시킬 수 있는 전뇌순환학습 프로그램 개발과 적용 효과. 한국생물교육학회지, 31(4), 282－291.

최은순, 노석구(2001). 마인드맵 활용이 자연과 학업 성취도와 과학적 태도에 미치는 영향. 한국초등과학교육학회지, 20(2), 281－291.

최주성(2003). 집단상담놀이가 초등학교 학습부진아의 자아개념 증진에 미치는 영향. 대구대학교. 석사논문.

최희선(2004). 학교·학급경영. 형설출판사.

최희정, 임채정, 김은진(2003). 문제해결과정을 활용한 초등과학 수행 평가 도구의 개발과 적용: 4학년 2학기 "동물의 생김새" 단원에서. 한국생물교육학회지, 31(4), 299－310.

한국교육과정평가원(2005). 과학과 교육과정 개정시안 공청회.

한기순, 배미란, 박인호(2003). 과학영재들은 어떻게 사고하는가? 한국과학교육학회지, 23(1), 21－34.

한기순, 배미란(2004), 과학영재와 일반학생들 간의 사고 양식과 지능 및 창의성 간의 관계 비교, 교육심리연구, 18(2), 49－68.

한국과학교육학회(2003). 과학영재 평가도구 개발기법 워크숍.

한국교육개발원(2003). 영재교육기관 교수·학습 실태분석.

한복수(1999). 창의성 신장 과학과 수준별 학습방법, 교육과학사.

한재영, 정영선, 노태희(2000). 산성비, 오존층, 온실효과에 대한 고등학생들의 개념. 한국과학교육학회지, 20(3), 364－370.

홍경인(2005). 음악교구·설비기준 분석과 개선방안 연구. 한양대학교 교육대학원 석사논문.

홍미영(1995). 문제와 문제 해결자의 특성이 화학 문제 해결에 미치는 영향. 서울대학교 대학원 박사학위논문.

홍미영, 박윤배(1994). 대학생들의 기체의 성질에 대한 문제 해결 과정의 분석. 한국과학교육학회지, 14(2). 143－158.

홍미영, 박윤배(1995). 문제의 특성에 따른 대학생들의 화학 문제 해결 과정의 차이 분석. 한국과학교육학회지.

홍미영, 박정, 김성숙(2001). 제3차 수학·과학 성취도 국제 비교 반복 연구 (TIMSS－R) 과학 성취도 분석. 한국과학교육학회지, 21(2), 328－341.

환경부(2007). 어린이 초록마을, 나라, 세상. 중앙교육진흥연구소.

황석하(2005). 학습부진아 지도의 다중지능적 접근: 한 사례 연구. 대구교육대학교 석사논문.

황영태(2005). 과학영재의 선발고사, 지능, 창의적 문제해결력과 학업성취도와의 상관관계. 경상대학교 석사논문.

황정순(2003). 제 7차 과학과 교육과정 생명영역에 대한 초등학교 학생들의 학습 흥미도 조사. 서울교육대학교 석사논문.

Abruscato, J. (2000). Teaching children science; A discovery approach. 5th ed. Boston; Allyn and Bacon.

Anderman, E. M. & Young, A. J.(1994). Motivation and strategy use in science: Individual differences and classroom effects. Journal of Research in Science Teaching, 31(8), 811－831.

Anderson, J. P. (1982). Acquisition of cognitive skill. Psychological Review, 89, 369－406.

Anderson, G. T. & Walberg, H. J. (1976). The assessment of learning environment: A manual for the learning environment: A manual for the learning environment inventory and the my class inventory. Chicago, IL: University of Illinois.

Becker, J. R. (1989). Gender and science achievement: A reanalysis of studies from two meta－analysis. Journal of Research in Science Teaching.

Beller, M., & Gafni, N. (1996). The 1991 International Assessment of Educational Progress in mathematics and science: The gender differences perspective. Journal of Educational Psychology, 88, 365－377.

Berkson, W. (1987). Research problems and understanding of science, In N. J.

Nersessian(ed.). The process of science: Contemporary philosophical approaches to understanding scientific practice. Dordrecht: Martinus Nijhoff Publishers.

Blackslee, J. R. (1980). The right brain. Mew York; Anchor press.

Boles, D. B. (1980). X—linkage of spatial ability: A critical review. Child Development, 51, 625—635.

Camacho, M., & Good, R. (1989). Problem solving and chemical equilibrium: Suddessful versus unsuccessful performance. Journal of Research in Science Teaching, 26(3), 251—272.

Carin, A. A. (1997). Teaching science through discovery, 8th ed. Upper saddle River, New Jersey; Merrill.

Chiappetta, E. L., & Russel, J. M. (1982). The relationship among logical thinking, problem solving instruction, and knowledge and application of earth science subject matter. Science Education, 66(1), 85—93.

Dlamini, B., Lubben, F., & Campbell, B. (1996). Liked and disliked learning activities: responses of Swazi students to science materials with a technological approach. Research in science and Technological Education, 14(2), 221—235.

Duit, R & Pfundt, H. (1988). Bibliography, Students' Alternative Frame Works and Science Education 2nd., W. g Ermany, IPN, Univ. of Kiel.

Evans, M. A., Whigham, M. & Wang, J. (1995). The effect of role model project upon the attitudes of ninth—grade science students. Journal of Research in Science Teaching, 32(2), 195—204.

Finegold, m., & Mass, S. (1985). Difference in the processes of solving physics problems between good physics problem solvers and poor physics problem solvers. Research in science and Technological Education, 3(1), 59—67.

Gagne, E. D. (1985). The cognitive psychology of school learning. Hillsdale, NJ: LEA.

Greenbowe, T. J. (1983). An investigation of variables involved in chemistry problem solving. Dissertation Abstract International, 44, 3651—A.

Haladyna, T., Olsen, R., & Shaughnessay, J. (1982). Relations of student, teacher, and learning environment variables t attitudes toward science. Science Education, 66(5), 671—687.

Hayes, J. R. (1989). The complete problem solver(2nd ed.). Hillsdale:

Lawrence Erlbaum Associates.

Hedges, L. V. & Nowell, Q. A. (1995). Sex differences in mental test scores, variability, and numbers of high scoring individuals. Science, 269, 41–45.

Hein, G. E(1987). The right test for hands–on learning? Science and Children. 25(2), 8–12.

Herrnstein, R.J. and C. Murray(1994). The bell curve: Intelligence and class structure in American life. New York: Free Press

Johnson, S. & Bell, J. F. (1987). Gender differences in science: option choices. School Science Review, 69(247), 268–276.

Johnstone, A. H. (1993). The development of chemistry teaching. Journal of Chemical Education, 70, 701–708.

John, D. W., & Johnson, R. T.(1985). The internal dynamics of cooperative learning group. In R. Slavin, S. Sharan, S. Kagan. R. Hertz-Lazarowitz, C. Webb, & R. Schmuck.(Eds.), learning to cooperare, cooperating to learn. NY:Plenum, 103-124.

Kahle, J. B., & Meece, J. (1994). Research on gender issues in the classroom. In D. L. Gabel(Eds). Handbook of research on science teaching and learning. New York: MacMillan Publishing Company.

Kahney(1986). Problem solving: A Cognitive approach. Milton Keynes: Open University Press.

Kelly, A. (1986). The development of girl's and boy's attitudes to science: A longitudinal study. European Journal of Science Education, 8(4), 399–412.

Khale, J. B., & Lakes, M. L. (1983). The myth of equity in science classroom. Journal of Research in Science Teaching, 20(2), 131–140.

Koh, T. H. (1982). An analysis of cognitive function of korean middle school students. Doctoral Dissertation. University of Pittsburgh.

Laforgia, J. (1988). The affective domain related to science education and its evaluation. Science Education, 72(4).

Linda, W. Hough & Martha, K. Piper(1982). The Relationship between Attitudes toward Science and Science Achievement. Journal of Research in Science Teaching, 19(1), 33–38.

Linn, M. C., & Petersen, A. C. (1985). Emergence and characterization of sex differences in spatial ability: A meta–analysis. Child Development, 56, 1479–1498.

Lyle, K. S., & Robinson, W. R. (2001). Teaching science problem solving: An overview of experimental work. Journal of Chemical, 78(9), 1162−1163.

Maccoby, E. E., & Jacklin, C. N. (1974). The psychology of sex differences. Stanford, CA: Stanford University Press.

Maloney(1994). Research on problem solving: Physics. In Gabel, D. L.(Ed.), Handbook of research on science teaching and learning: A project of the National Science Teachers Association(pp.327−354). New York: MacMillan Publishing Company.

Mason, D. S., Shell, D. F., & Crawley, F. E. (1997). Difference in problem solving by nonscience majors in introductory chemistry on paired algorythmic−conceptual problems. Journal of Research in science Teaching, 34(9), 905−924.

Martin, M. O., Mullis, I. V. S., Gonzales, E. J., Gregory, K. D., Smith, T. A., Chrostowski, S. J., Garden, R. A., & O'Connor, K. M. (2000). TIMSS 1999: International Science Report. International Study Center Boston College Lynch School of Education, 11, 331−351.

McGowan, R.J. and D.L. Johnson(1984). The mother-child relationship and other antecedents of childhood intelligence: A causal analysis. Child Development, 55(4), 810-820

McLanhan, s.s.(1997). Parent absence or proverty: Which matter more? In G.J. Duncan and J. Brooks-Gunn(eds), Consequences of growing up poor. New York: Russell Sage Foundation.

Mullis, I. S., & Jenkins, L. B. (1988). The science report card: Elements of risk and recovery. Princeton, NJ: Educational Testing Service.

Nakayama, G. (1988). A study of the relationship between cognitive styles and integrated science process skills. ERIC ED, 291−592.

NCTM(1980). An Agenda for Action: Recommendations for School Mathematics of the 1980's. Reston, VA: The National Council of Teachers of Mathematics, Inc.

Newell, A., & Simnon, H. (1971). Human problem Solving. Englewood Cliffs, NJ: Prentice−Hall.

Nollen, S. B. and Haladyna, T. M., 1990, Motivation and studying in high school science. Journal of Research in Science Teaching, 27(2), 115−126.

OECD(2001). Knowledge and Skills for Life: First results from PISA 2000. Paris: OECD Publications.

Oliver, W. H., Pettus, W. C. and Hedin, B. A. (1990). Three studies of factors affecting the attitudes of blacks and females toward the pursuit of science and science-related careers. Journal of Research in Science Teaching, 27(4), 289-314.

Polya, G. (1957). How to solve it. Garden city, N. Y.; Doubleday Anchor.

Renzulli, J. S. (1977). The enrichment triad model. Mansfield Center, CT: Creative Learning Press.

Saunder, W. L., & Jesunathadas, J. (1988). The effect of task content upon proportional reasoning. Journal of Research in science Teaching, 25(1), 59-67.

Schoenfeld, A. H. (1985). Mathematical problem solving. San Diego: Academic Press.

Simpson, R. D., & Oliver, J. S. (1990). A summary of major influences on attitude toward achivement in science among adolescent students. Science Education, 74, 1-18.

Sjoberg, S. & Imsen, G. (1998). Gender and science education I. In P. J. Fensham(eds.), Development and dilemmas in science education, pp.218-248. London, England: Falmer Press.

Skolnick, J., Langbort, C. & Day. L. (1982). How to encourage girls in math and science. C. A.: Dale Seymour Publications.

Smith, M, U., & Good, R. (1984). Problem solving and classical genetics: Successful versus unsuccessful performance. Journal of Research in Science Teaching, 21(9), 895-912.

Steinkamp, M. W. & Maehr, M. L. (1983). Affect, ability, and science achievement: A quantitative synthesis of correlational research. Review of Educational Research, 53, 369-396.

Stewart, j., & Hafner. R. (1991). Extending the conception of "problem" in problem-solving research. Science Education, 75(1), 105-120.

Taconis, R., Ferguson-Hessler, M. G. M., & Broekkamp, H. (2001). Teaching science problem solving: An overview of experimental work. Journal of Research in Science Teaching, 38(4), 442-468.

Talton, E. L, & Simpson, R. D. (1986). Relationship of attitudes toward self, family, and school with attitude toward science among adolescents. Science Education, 70(4), 365-374.

Watson. S. B. (1991). Cooperative learning and group educational modules: effects on cognitive achievement of high school biology students. Journal of Research in Science Teaching, 27(7), 671-683.

Woods, D. R.(1989) Problem solving in practice. In. D. L. Gabel(Ed.), What research says to the science teacher: Problem solving(pp.97 − 121). Washington, DC: National Science teachers Association.

박병태

▌약력

　서울교육대학교 졸업
　연세대학교 교육대학원 지구과학교육 석사
　단국대학교 과학교육과 박사
　서울초등기초과학연구회 사무국장
　단국대학교 강사
　서울교육대학교 및 대학원 강사
　한국교총정책위원 역임
　현)서울대치초등학교 교사

▌포상

　교육인적자원부장관상(2000)
　서울특별시교육감상(2008)
　교육과학기술부장관상－ 올해의 과학교사(2009)

초등 과학 교육의 이론과 실제

초판인쇄 | 2010년 8월 16일
초판발행 | 2010년 8월 16일

지 은 이 | 박병태
펴 낸 이 | 채종준
펴 낸 곳 | 한국학술정보㈜
주　　소 | 경기도 파주시 교하읍 문발리 파주출판문화정보산업단지 513-5
전　　화 | 031) 908-3181(대표)
팩　　스 | 031) 908-3189
홈페이지 | http://ebook.kstudy.com
E-mail | 출판사업부　publish@kstudy.com
등　　록 | 제일산-115호(2000. 6. 19)

ISBN　978-89-268-1283-9 93370 (Paper Book)
　　　　978-89-268-1284-6 98370 (e-Book)

내일을여는지식 ▌ 은 시대와 시대의 지식을 이어 갑니다.